HISTOIRE

DE

MAISONS-ALFORT

ET D'ALFORTVILLE

DEPUIS LES TEMPS LES PLUS RECULÉS JUSQU'A NOS JOURS

PAR

A. CHENAL

MAIRE DE MAISONS-ALFORT

PARIS

ASSELIN ET HOUZEAU

LIBRAIRES-ÉDITEURS

PLACE DE L'ÉCOLE-DE-MÉDECINE

1898

HISTOIRE

DE

MAISONS-ALFORT

ET D'ALFORTVILLE

2172-98. — Corbeil. Imprimerie Éd. Crété

HISTOIRE

DE

MAISONS-ALFORT

ET D'ALFORTVILLE

DEPUIS LES TEMPS LES PLUS RECULÉS JUSQU'A NOS JOURS

PAR

A. CHENAL

MAIRE DE MAISONS-ALFORT

PARIS

ASSELIN ET HOUZEAU

LIBRAIRES-ÉDITEURS

PLACE DE L'ÉCOLE-DE-MÉDECINE

1898

AVANT-PROPOS

En écrivant cet ouvrage, je n'ai pas eu l'ambition de faire une œuvre savante ou littéraire ; mon but, plus modeste, a été de mettre, aussi succinctement et aussi clairement que possible, sous les yeux de ceux qu'ils peuvent intéresser, les faits principaux de la vie de la commune de *Maisons-Alfort*, depuis l'époque reculée où elle n'existait qu'à l'état de misérable village, jusqu'à nos jours.

C'est aussi l'histoire d'*Alfortville*, puisque jusqu'en 1885 son territoire et son administration ne faisaient qu'un avec ceux de Maisons-Alfort.

Et c'est un peu celle de presque toutes les communes du département de la Seine, car il suffirait de changer les noms et les chiffres, et on pourrait l'adapter à bon nombre d'entre-elles : les principaux faits et les causes qui les ont amenés ayant été généralement identiques pour toutes.

L'historique des faits anciens ne pouvant être qu'une compilation, je me suis attaché à rechercher, dans les livres déjà parus traitant de ce sujet et dans les archives, communales ou autres, les éléments nécessaires. Il m'arrivera fréquemment de citer les auteurs auxquels j'ai fait des emprunts.

Quant aux faits plus modernes et à ceux qui nous sont contemporains, les procès-verbaux des séances des conseils municipaux qui se sont succédé, et les comptes financiers des mêmes périodes m'ont fourni une ample moisson de renseignements, auxquels j'ai joint ceux qui m'ont été donnés verbalement par les anciens du pays.

Étant né dans cette commune, ne l'ayant jamais quittée, et ayant pris part depuis vingt ans à tous les petits événements qui l'ont agitée, je puis en parler en toute connaissance de cause et d'une façon précise.

Je me suis efforcé, pour la période qui nous touche, d'éviter toute appréciation pouvant blesser les personnes qui ont pris part à un degré quelconque à l'administration communale, beaucoup d'entre elles existant encore ou ayant laissé une famille dont les sentiments pourraient être froissés.

Il n'est du reste pas douteux que, si l'on peut quelquefois critiquer certains actes, qui ont été reconnus mauvais, il faudrait, pour bien juger ceux qui les ont commis, avoir vécu de leur vie, et au milieu des événements qui ont pu les guider.

Je suis convaincu qu'il pourrait être utile pour les enfants, après avoir appris à l'école l'histoire de la *France*, de connaître aussi celle de leur commune, « cette plus petite patrie » que l'on revoit toujours avec plaisir, parce que le plus heureux moment de la vie, l'enfance, s'y est écoulé. Quant à moi, je l'ai écrite, parce-que j'y ai rencontré de nombreuses sympathies, et recueilli bien des satisfactions morales.

Je paie ainsi une dette de reconnaissance à ma commune natale et à ses électeurs.

Maisons-Alfort, 1898.

A. CHENAL.

HISTOIRE

DE

MAISONS-ALFORT ET D'ALFORTVILLE

PREMIÈRE PARTIE

DES TEMPS LES PLUS RECULÉS, JUSQU'A LA RÉVOLUTION DE 1789

CHAPITRE PREMIER

VIIe siècle. — Au VIIe siècle, le pont de Charenton, qui est un peu celui de Maisons-Alfort, existait déjà, et, très probablement, les chemins y aboutissant du côté gauche de la Marne. Il était en bois et « avait été bâti par les habitants du lieu » ; on y payait un droit de passage.

Il est même vaguement question de l'existence d'un pont en cet endroit, lors du passage des Romains, 52 ans avant Jésus-Christ.

865. — En 865, il était fortifié ; les Normands le prirent et le brûlèrent.

Il existe des gravures qui le représentent avec des tours ou des moulins.

988. — Ce n'est qu'à partir de 988, qu'on trouve trace, dans l'histoire, d'un village appelé Mansiones ou Maisons.

Il est évident que, avant cette époque et depuis fort longtemps, Maisons existait, puisque lorsqu'on en parle pour la première fois, il est question de l'existence de deux églises ; il devait donc y avoir déjà en ce lieu une agglomération relativement nombreuse.

En examinant la *Carte des chasses*, dressée de 1764 à 1773, où figurent les chemins qui sillonnaient le territoire de la commune, on se rend parfaitement compte de sa formation.

Un chemin partant du pont, se dirigeant vers Maisons et le traversant (la continuation vers Villeneuve n'est pas très ancienne) ; un autre prenant à gauche, non loin du pont, et conduisant à Créteil, et un troisième allant de Maisons à Créteil.

C'est sur ces trois artères principales que se sont successivement amorcés les autres chemins de la commune.

Ce qui démontre que la route actuelle de Maisons à Villeneuve est de création relativement récente, c'est que l'on trouve trace dans les archives, de conventions entre l'État, la Fabrique paroissiale et des cultivateurs, à raison de l'exécution d'un nouveau chemin de Villeneuve.

De plus, un chemin qui partait de celui de Maisons, sur la droite, non loin du pont, se dirigeait à travers la plaine vers Choisy et Villeneuve ; il existait de temps immémorial, et on l'appelle déjà en 1754 le *vieux chemin de Villeneuve.*

Il devait également y avoir le chemin Vert des Mêches, qui prenait de la Marne, au-dessous des moulins, passait sur l'emplacement où est le fort et se continuait tel qu'il existe aujourd'hui jusqu'aux Mêches.

Les chemins de Charentonneau, d'Enfer, de Mesly, de Valenton, de Saint-Maur, du Port-à-l'Anglais et des Iles existaient probablement aussi, ainsi que d'autres de moindre importance subsistant encore, mais à l'état de sentiers, et sous des noms aujourd'hui oubliés.

Ces chemins, créés pour les besoins des relations entre les différents villages ou hameaux, ou pour se rendre aux moulins, à la rivière, ou enfin pour la culture, au hasard de la fantaisie de l'attelage du premier chariot qui les avait tracés par la marque de ses roues, se ressentent encore de cette origine; leurs sinuosités sont une preuve de leur ancienneté.

Les rues qui existaient sans doute déjà sont celles des Bretons, désignée alors sous le nom de rue Bretonne, des Cochets, Saint-Pierre, Jacob, et enfin la rue Grande, dans lesquelles se trouvent encore de très vieilles constructions. Il est bien entendu que les travaux de viabilité y étaient absolument inconnus.

Quant à la configuration du sol, elle n'a été que très peu modifiée, soit par des remblais pour éviter les inondations, soit par des exploitations de carrières; ces modifications sont relativement récentes.

L'emplacement sur lequel sont venues se grouper les premières chaumières, autour de châteaux ou de fermes, a dû être choisi en raison de son élévation par rapport au reste du territoire, les parties basses étant à l'état de marécages, ou fréquemment inondées.

Il semble même que le plateau sur lequel sont bâtis Mesly, Créteil et Maisons constituait dans l'antiquité une grande île.

La nature du terrain donne une indication des ressources qu'on en pouvait tirer.

Les marais étaient plantés de saules et d'osiers, les points de la plaine un peu plus élevés étaient en prairies ou en céréales, et, sur le plateau, presque partout sec et caillouteux, il y avait de maigres bouquets de bois ; une bonne partie de ces terres ne donnait que de pauvres récoltes, surtout dans les années très sèches.

Ce n'est que plus tard que des vignes furent plantées sur tout le versant de la côte exposé au sud et à l'ouest, de Créteil à Maisons, le long du chemin de l'Échat, et se terminant, où est actuellement la rue Déterville, à Alfortville. Ce dernier point est encore désigné au cadastre comme lieu dit *la Vigne à Roger*.

L'exploitation des carrières ne dut commencer, en tant qu'industrie, que lorsque celles de Charenton furent épuisées, mais il est bien possible, que l'existence en ce lieu, et presque à la surface du sol, de matériaux de construction, ait contribué pour beaucoup dans la formation d'un village d'une certaine importance.

CHAPITRE II

988. — Voici, textuellement reproduite, une partie d'un manuscrit d'un auteur inconnu, et paraissant dater de 1776 ; les mêmes faits se trouvent relatés, dans l'*Histoire du Diocèse de Paris*, par l'Abbé LEBEUF. Les manuscrits originaux sont aux archives de l'archevêché de Paris.

« Hugues Capet, Roi de France, la seconde année de son règne, le douzième mois de l'année, aux calendes de juillet, époque qui revient au mois de février 988, donna gratuitement, et sans aucune retenue, au vénérable abbé du Monastère de moines, de Saint-Maur-des-Fossés : « Une certaine Ville, « située dans le comté de Paris, dont le nom est « Maisons, ensemble la maison et demeure dudit-« lieu avec les prés, terres labourables, cultivées, « incultes, Moulins, pacages, eaux, cours et détours « d'eaux, avec encore les maisons ou les habitants « dudit lieu, de l'un et de l'autre sexe, font leur « demeure dans ledit lieu, avec leur appartenance et « dépendances ; comme aussi, il donne audit abbé, les « deux églises dudit lieu, l'une qui est la mère église, « sous l'invocation de saint Rémi, l'autre qui est une « chapelle dédiée en l'honneur de saint Germain, pour « par lui y envoyer et députer un de ses frères, pour « y résider, sous sa puissance en qualité de vicaire », à l'effet pour lui d'en jouir et user en toute propriété intégralement, et de la même manière qu'il avait possédé lesdites choses ; à la charge par ledit abbé et ses moines de prier Dieu, pour lui, la Reine son épouse, et le Roi Robert son fils à qui il fit ratifier sa donation. »

Cette donation avait été faite, sur sa demande, à Mayeul abbé de Cluny, afin de faire vivre l'abbaye de Saint-Maur.

Suivant les auteurs et les époques, le nom du village varie. C'est *Mansonibus*, *Mansiones*, Maisons-sur-Seine, Maisons-près-Charenton, Maisons-en-Brie ; on le désigne même sous le nom de *Domibus*.

Ce n'est que beaucoup plus tard qu'il est question de Maisons Alfort.

Il y avait donc déjà à cette époque deux églises et des moulins, probablement trois, non compris ceux du pont ; c'est ce qui indique l'existence bien antérieure du village, surtout que, dans ces temps reculés, les agglomérations ne se formaient que très lentement.

Nous connaissons l'emplacement où existaient ces moulins ; un seul, celui de Charentonneau, est au même endroit, mais il ne doit en rester très probablement que les fondations, sur lesquelles ont été réédifiés successivement, et jusqu'à ceux actuels, les bâtiments à mesure que les anciens tombaient en ruines, ou étaient détruits par accident. Deux ont été remplacés par un seul ; nous en reparlerons. Il en est de même de l'église, qui a à peu près subi le sort du couteau de Jeannot, auquel on changeait tantôt la lame, tantôt la manche ; il n'y a guère que le chœur et le porche qui soient très anciens.

Quant à la seconde chapelle, il n'y en a plus trace ; ou bien, ne serait-ce pas tout simplement celle des Mêches, qui, comme celle mentionnée, était dédiée à saint Germain? S'il en était ainsi, on peut la voir encore, en assez bon état pour son âge, mais transformée en grange.

Ce qui donne créance à cette idée, c'est que les deux villages de Créteil et Maisons avaient des prés communs qui à l'origine appartenaient à Maisons seul; les limites des territoires n'étaient donc pas parfaitement définies.

Pour s'expliquer le don fait par le roi d'un village et de ses habitants, il faut connaître la façon dont s'est établie la propriété à l'origine de la monarchie française.

Après la conquête de la Gaule par les Francs, les vainqueurs s'approprièrent la majeure partie des terres des vaincus et se les partagèrent, les chefs ayant tout naturellement la meilleure part. Les rois gardèrent pour eux les domaines que s'étaient attribués les Romains, en y en ajoutant d'autres à leur convenance.

Ces domaines s'accrurent encore par des confiscations sur des seigneurs, qui, à tort ou à raison, avaient attiré sur eux cette mesure de justice, et bien plus souvent de spoliation. Les grands seigneurs agissaient de même avec les petits.

Le roi disposait en bloc de ces terres, avec leurs habitants, soit en faveur d'une abbaye, en échange de messes à son intention, comme nous venons de le voir, ou pour récompenser des services de guerre, ou même une simple flatterie adroite d'un courtisan.

Le serf ou manant n'avait que le droit de vivre et

travailler sur cette terre, dont il ne pouvait posséder une parcelle d'une façon complète.

En cas de décès sans enfants, il ne pouvait léguer par testament, au delà de cinq à soixante sols, selon la coutume du lieu; le reste de son maigre avoir allait au seigneur par droit de mainmorte (1).

A différentes époques, les serfs se soulevèrent contre leurs maîtres; ces révoltes sont connues sous le nom de *Jacqueries*; ils obtinrent quelquefois ainsi leur affranchissement. Dans d'autres cas, comme pour Maisons, il leur fut accordé de bon gré.

A la Révolution, le servage avait presque complètement disparu.

On peut encore juger des habitudes des seigneurs par la lecture de ce pacte de paix qui fut soumis au roi, au XIIe siècle, lors de la formation des communes, par Warin, évêque de Beauvais :

« Je n'enlèverai ni bœuf, ni vache, ni aucune bête de somme, je ne saisirai ni le paysan ni la paysanne, ni les marchands. Je ne prendrai point leurs deniers, et je ne les obligerai point à les racheter. Je ne veux pas qu'ils perdent leur avoir à cause de la guerre de leur seigneur et je ne les fouetterai point pour leur enlever leur subsistance. Depuis les calendes de Mars, jusqu'à la Toussaint je ne saisirai ni cheval, ni jument, ni poulain dans les pâturages. Je ne démolirai ni incendierai les maisons, je ne détruirai pas les moulins, et je ne ravirai pas la farine qui s'y trouve, à moins qu'ils

(1) *Droit de mainmorte :* droit du seigneur de s'emparer et disposer des biens de ses serfs décédés. Aujourd'hui impôts sur les biens des sociétés et congrégations.

ne soient situés dans ma terre, ou que je sois à l'ost (1); je ne donnerai protection à aucun voleur. »

Les paysans de Maisons n'avaient fait que changer de maître, et peu leur importait sans doute que la capitation, la taille ou les corvées qui leur étaient imposées profitassent à l'Abbaye de Saint-Maur ou au roi Hugues Capet.

CHAPITRE III

992. — La cure de Maisons fut fondée en 992 par le pape Innocent II, qui désigne ainsi l'église : *ecclesium Mansonibus*.

993. — En 993 l'abbaye reçoit encore un don de même nature, au même lieu, ce qui correspond à une extension du territoire de la future commune.

1161. — A cette date, on trouve une charte par laquelle Thibault, abbé de Saint-Maur-des-Fossés, concéda à Guérin Pontenier, de Maisons, « la liberté de jouir librement de son hostice (2), sis à Maisons, en payant seulement à la pitance de ladite abbaye cinq sols parisis (3) de cens chaque an, au moyen de quoi les maisons qu'il ferait bâtir dans deux

(1) *A l'ost :* pour au camp, à l'armée.
(2) *Hostice :* ancien mot pour hôtel, habitation.
(3) La monnaie *parisis* était faite à Paris, et avait une valeur supérieure à celle tournois faite à Tours (1/4 en plus).

arpents de terre dépendant dudit hostice seront quittes et libérées à toujours des corvées qu'elles devaient, en payant ladite pitance de cinq sols ». Ceci se passait sous le règne de Louis VII.

1211. — Par la donation de Hugues Capet, les abbés et religieux de Saint-Maur, avaient en propriété un terrain destiné au pacage des bestiaux; les habitants de Maisons en jouissaient par simple tolérance, au dire des abbés. Les cultivateurs prétendaient le contraire et voulaient en interdire l'usage aux bouchers, qui soutenaient avoir le même droit, avec cette distinction qu'ils étaient affranchis de toutes corvées envers l'abbé de Saint-Maur.

Il y eut un grand procès, suivi d'une transaction, par laquelle l'abbé Radulphe, sous forme de charte, reconnut textuellement ceci :

« 1° Que le fonds destiné au pacage, était du domaine de Maisons, et appartenait en propre au dit abbé de Saint-Maur.

« 2° Que l'usage du pacage n'était que précaire aux hommes de l'abbé et habitants de Maisons, à la charge même; et sans quoi ils cesseraient de lui payer chaque année trois corvées par chaque habitant.

« 3° Que ce même fonds était placé dans les lieux appelés : la Saulsaye, le Deffaix, le Marais et le Pâti, appartenant audit abbé.

« 4° Que le pacage n'aurait aucun lieu d'exercice depuis la mi-mars, jusqu'au jour de la Saint-Jean-Baptiste, pour les jeunes bêtes, mais seulement pour les chevaux et juments.

« 5° Enfin que cette permission était commune et générale à tous les habitants de Maisons, sauf et réservé cependant audit abbé, la justice sur ledit usage, et la propriété du fond d'icelui à son profit. »

D'après le manuscrit déjà cité, et auquel il est emprunté, « ce règlement procura une paix générale à tous les habitants de Maisons pendant plusieurs siècles ».

1227. — Grégoire, curé de Maisons, s'était plaint de la modicité des dîmes (1) qui revenaient à son bénéfice chaque année; par une transaction, il abandonna aux abbés de Saint-Maur « toutes les dixmes novales de la paroisse; en échange, lesdits s'obligèrent de lui fournir trois septiers de seigle, trois septiers de froment, et trois septiers d'orge, toutes les années ou il n'aura eu de dixmes que vingt septiers de froment, neuf de seigle, et neuf d'orge. »

Les serfs mainmortables devaient la taille (2) aux seigneurs, mais il arrivait aussi que le roi la levait également pour l'entretien de son armée; les serfs se trouvaient par suite obligés de la payer deux fois.

L'abbé Radulphe décida « que la taille a lui due par ses hommes de Maisons, en raison de leurs demeures et mazures serait de deux sols par chaque an, et que dans l'année où il plairait au Roi de lever la taille, alors lesdits hommes paieraient à

(1) *Dîme :* prélèvement de 1/10 sur les produits du sol au profit de l'église ou quelquefois du seigneur.

(2) *Taille :* la taille était un impôt personnel qui n'était payé que par les roturiers ; les nobles et les prêtres en étaient exempts.

l'abbé quatre sols, moyennant quoi il les acquitterait de la taille envers le Roi ».

En la même année 1227, il y eut un accord entre Grégoire, curé de Maisons, et l'abbé Rodolphe de Charenton, au sujet de la dîme due à chacun d'eux dans leurs paroisses respectives, dont les délimitations n'étaient pas jusque-là bien définies.

1262. — Suivant le même manuscrit; les habitants de Maisons étaient encore: « serfs de condition, de mainmortaissables, et asservis au droit d'échûte (1); pour détruire cette entrave, l'abbé de Saint-Maur abonna la morte-taille serve, dans le paiement annuel d'une taille de convention.

« Enfin l'effet de la servitude était si révoltant que les seigneurs faisaient commerce entre eux, de leurs hommes et femmes serfs. »

Par sept chartes successives des années 1262, 1269, 1287, 1291, 1301, 1324 et 1325, les abbés de Saint-Maur « affranchirent de toutes servitudes 143 chefs de ménage et leur postérité née et à naître, pour par eux posséder des biens en patrimoine héréditaires disponibles, et se succéder entre parents et consanguins, par testaments, sous les conditions suivantes:

« 1° D'honorer l'abbé de Saint-Maur qui les affranchissait et de le révérer;

« 2° De payer la dixme sur les biens qu'ils mettront en valeur;

« 3° Qu'ils rendront et paieront chaque année à l'abbaye la dixme des herbages, de la maresche ou

(1) *Échûte :* droits qu'avaient les seigneurs de succéder dans certains cas à leurs mainmortables.

luzerne, des légumes, blé, grains, et toutes espèces de semences quelconques ;

« 4° Que l'abbé et les religieux ont retenu sur lesdits affranchis et sur leurs biens, qu'ils auront dans la seigneurie, tous les cens (1), rentes, corvées et redevances, tous les droits de coutume, et de justice tant haute que basse, etc. »

Nous ne donnons que les principaux articles de ces chartes, en les abrégeant, le reste manquant d'intérêt.

C'est réellement de cette époque que date l'existence de Maisons en tant que commune.

En 1211, lorsque fut octroyée la charte réglementant le droit de pacage, il y avait bien un embryon de propriété ou plutôt de jouissance en commun d'un objet matériel, mais les habitants n'avaient aucun droit moral, et ne pouvaient s'unir librement pour régler les affaires d'intérêt général du village ; ces affaires étaient du reste de bien faible importance.

Les chemins étaient entretenus d'une façon fort élémentaire, par corvées (2), ou par ceux qui en faisaient usage. L'église, le presbytère et le cimetière appartenaient à la cure, qui pourvoyait tant bien que mal à leur entretien, à l'aide des produits de la dîme, des recettes du culte et des legs et dons qui lui étaient faits par les fidèles. Il n'y avait pas d'état civil régulier, les seigneurs seuls tenant généalogie de leur famille.

(1) *Cens* : redevance en argent que certains biens devaient annuellement au seigneur dont ils relevaient.

(2) *Corvée* : travail, ou service gratuit, qui était dû par certaines personnes au roi, ou au seigneur.

En un mot, rien de ce qui constitue actuellement les services municipaux n'existait.

Comme il n'y avait aucune recette pouvant être appliquée aux dépenses collectives, lorsqu'il s'en présentait une de ce genre, les habitants étaient obligés de se cotiser.

Cet affranchissement de 143 chefs de ménage nous donne une indication sur le chiffre approximatif de la population de Maisons à cette époque.

En comptant chacun de ces ménages pour une moyenne de cinq personnes, nous trouvons un total de 715 habitants, sans compter les seigneurs, le curé, et les serfs qui n'auraient pas été affranchis, si toutefois il en restait.

Mais on ne précise pas s'il ne s'agit que des serfs de Maisons ; il se pourrait que ceux de Créteil, qui appartenaient également aux abbés de Saint-Maur, fussent compris dans le nombre.

Dans ce cas, en évaluant les non-affranchis à 37, on arriverait à un total approximatif de 800 personnes, soit environ 400 pour Maisons, ce qui paraît vraisemblable.

Au XIIe siècle, la justice était assez fantaisiste ; il est fait mention d'un homme de Maisons, qui, sur jugement des seigneurs abbés, eut une oreille coupée pour avoir volé un habit ; passe encore si c'eût été pour le punir d'écouter aux portes.

1295. — Il y avait une confrérie à Maisons qui avait acquis deux pièces de vigne, au lieu dit l'Échat.

« Les abbés voulurent la contraindre à mettre

hors-mains (1); cependant, par une charte du samedi avant la Chandeleur, en 1295, l'abbé de Saint-Maur amortit à la confrairie lesdits deux quartiers de vigne, mais à la charge par les confrères, de lui donner un homme vivant et mourant, et de lui payer dix sols parisis à mutation d'homme, et douze deniers parisis de saisine. »

Ce doivent être ces mêmes pièces de vignes que l'on retrouve plus tard appartenant à la Fabrique paroissiale.

On buvait donc déjà du vin à Maisons en 1295 ; on dit même qu'il était fort agréable.

CHAPITRE IV

1358. — Les Anglais et Charles de Navarre prennent le pont de Charenton. On ne dit pas quelle fut là situation des habitants de Maisons dans cette circonstance, mais il paraît probable que chaque fois qu'il y eut lutte sur ce point de la commune ils durent s'en ressentir. Des squelettes humains trouvés en différents endroits du voisinage et notamment en 1889 à la *Villa Renard*, sont certainement ceux de guerriers victimes de ces combats.

1436. — En 1436 les Anglais livrèrent encore une bataille au pont de Charenton, et furent repoussés.

(1) S'en dessaisir.

D'après Dulaure, dans l'*Histoire des environs de Paris*, ils occupèrent longtemps Maisons, et ce serait eux qui auraient construit le clocher de l'église, dont la flèche en pierre rappelle ceux de nombreuses églises anglaises.

Les lieux dits : *le Camp*, auprès du pont, à Alfort, et *le Port à l'Anglais*, au bord de la Seine, doivent certainement leur nom à cette occupation.

1440. — Un laboureur nommé Jean de Merville, et un autre nommé Lucas, s'étant refusés à payer la corvée aux abbés, sur le droit de pacage, furent condamnés par sentence du Châtelet.

1451. — Un troisième, nommé Guyot, fermier de Charentonneau, revint sur la même question et fut condamné à son tour, les pacages n'ayant été concédés que pour l'usage superficiel ; la propriété du fonds avait été réservée en faveur des abbés.

En ce temps-là, les choses marchaient lentement ; il avait fallu plus de deux siècles pour que les paysans, qui jouissaient librement de ces pacages, en vinssent à les considérer comme biens communaux ; mais malgré les revendications des abbés, ils en tiraient produit en les louant, ainsi que d'autres, dont l'origine de propriété nous échappe, au profit de la commune.

Pendant plusieurs siècles, jusqu'à la Révolution, ce produit suffit et au delà à équilibrer le budget communal.

Voici comment étaient désignés ces champs :

La Saulsaye (1).	Le Pont Japhet.
Le Pâti.	Le Port à l'Anglais.
Le Deffoix (?).	La Grande Noue (2).
Le Marais.	Les Buttes.

Ces noms existent encore sur le cadastre comme lieux dits.

1465. — L'armée de la Ligue (3) campait dans le voisinage du pont, et de nombreux combats y furent livrés.

1494. — Le premier registre de comptes de la paroisse, que nous ayons pu consulter, date de 1589, mais il existe de nombreux titres antérieurs établissant des rentes à son profit; le plus ancien est de 1494.

Elle possédait également des terres et des vignes, qu'elle louait. Tous ces revenus servaient avec la dîme, ainsi que nous l'avons dit plus haut, à couvrir les dépenses du culte, de la bienfaisance, et même de l'intruction publique ; ces deux derniers services étaient, il est vrai, absolument rudimentaires.

1540. — A propos de rentes constituées ou de dîmes perçues, au profit de la Fabrique, il est souvent question de la rue Bretonne, et de celle des Cochets ; il en est de même des vignes et terres de

(1) *Saulsaye :* lieu planté de saules.
(2) *Noue ou Noë :* prairie humide et grasse.
(3) La ligue dite du *Bien public*, formée par les seigneurs contre Louis XI.

l'Échat, il est certain que c'était là principalement que les petits propriétaires possédaient des biens ; la plaine, en dehors des biens communaux, appartenant aux seigneurs, et étant louée par eux à des fermiers.

1567. — Les calvinistes s'emparent du pont, après une bataille acharnée.

1589. — Voici comment débutait un compte de recettes et dépenses de l'année écoulée, pour la Fabrique paroissiale.

« Comptes que rend par-devant vous, messieurs les manants (1) et habitants de Maisons-sur-Seine, près le pont de Charenton, Honorable Remy Gallet, marchand et laboureur de vignes, demeurant audit Maisons, au nom et comme Procureur, ayant charge desdits habitants, et commune dudit lieu. »

Suivaient les détails de recettes et dépenses, le tout clos par un certain nombre de signatures ou de signes fort compliqués et plus fantaisistes les uns que les autres.

1590. — Nouvelle lutte pour la possession du pont; Henri IV l'enlève aux soldats de la Ligue catholique pendant le siège de Paris.

1596. — L'un des moulins est ainsi dépeint dans un manuscrit déjà cité à plusieurs reprises :

« Une maison et un moulin à blé assis sur la

(1) *Manant* (ou paysan) : nom donné à celui qui habitait une commune sans y avoir le droit de bourgeoisie.

rivière de Marne, faisant le premier moulin près du pont de Charenton, nommé *le Petit moulin*, sous le devoir de six sols parisis de cens. »

Autre citation sur un fait de 1613.

« Charles Malon de Bercy eut une contestation avec M. Henry de Gondi, évêque de Paris, sur les limites de leurs censives (1) et notamment la directe, sur des maisons sises au bout de l'extrémité du pont de Charenton, du côté dudit bourg, appartenant à la veuve et aux enfants de Jean Bourguet, à l'une desquelles pendait pour enseigne, l'image de sainte Catherine. Le litige fut terminé par une transaction, par laquelle au moyen de ce que M. de Bercy paya à M. l'Évêque une somme de 300 livres. M. l'Évêque consentit que lesdites trois maisons restassent dans la censive de Bercy. Monsieur de Bercy, de son côté, reconnaît que le surplus dudit pont, était dans la censive, justice et seigneurie de Maisons.

« Par là, les deux seigneuries se trouvaient limitées par le cours ordinaire de la rivière de Marne, qui sert de bornes immuables auxdites limites. »

Il ressort de la lecture de cette citation, qu'il devait y avoir des constructions sur le pont de Charenton, et à chaque extrémité, qui constituaient un hameau désigné sous le nom de Pont-de-Charenton.

On retrouvera ce nom dans la nomenclature des lieux soumis à la prévôté de Créteil, jusqu'à la Révolution.

Ailleurs, nous trouvons que Pont-de-Charenton

(1) *Censive* : étendue des terres soumises au cens.

était un hameau allant du pont au sommet de la côte, et qu'il y avait deux moulins sur le pont.

1599. — A l'origine, les registres de l'état civil étaient tenus par les curés, qui étaient presque seuls à savoir lire et écrire.

Voici la reproduction d'un acte de baptême, qui tenait lieu en même temps d'acte de naissance.

« André Creton, fils de Nicolas Creton et de Marie Courtry sa femme, baptisé le dix-huitième jour d'Octobre 1599. Ses parrains M. André Courtry, chanoine de l'église Notre-Dame de Paris, et Charles de Comise, lieutenant de Madame la Princesse de Condé en son château de Saint-Maur-sur-Marne ; marraine, Madame Hilaire de Labitrade, femme de feu André Thomas...? de la cour de Harley à Paris. »

Ce Creton, qui avait pour parrains de ses enfants des personnages aussi distingués, était chargé de la recette des domaines de l'archevêque de Paris.

Pour les mariages, c'était beaucoup plus simple ; exemple :

« Le 12 juin 1622 Henry Millot épousa Marguerite Jean. »

1627. — Un peu plus tard en 1627,

« Le 18 juillet 1627, Nicolas Licaut épousa Marie Cornier, en présence de Michel Caille, Noël Creton, et Marie Cuder. »

Actes de décès.

« Le 12 juin 1622, Antoinette Caillet a été inhumée au cimetière de Maisons. » « Le dernier jour de novembre 1646, Laurent Petit, cordonnier, fut inhumé dans le cimetière de Maisons, près la croix, place ordinaire. »

De 1599 à 1602, la moyenne des naissances est de dix-sept par année.

De 1622 à 1625, celle des mariages de quatre.

Et enfin celle des décès, de 1625 à 1628, de onze. On peut, par là, se rendre compte à peu près du chiffre de la population, et on peut aussi constater que les naissances excèdent de beaucoup les décès, situation dont nos économistes souhaitent généralement le retour, sans toujours y contribuer.

Il est probable que c'est de 1599, que date réellement l'institution de registres réguliers d'état civil dans la commune, et l'on peut remarquer que si l'on commence à inscrire les baptêmes à cette date, les décès et les mariages ne le furent qu'à partir de 1622, et ce, sur le même registre, qui contient également des testaments.

L'inventaire des documents existant au presbytère, qui fut fait en 1791, ne mentionne de registres qu'à partir de 1695, il était donc incomplet et inexact.

Beaucoup de personnes croient que les noms patronymiques ne furent adoptés qu'au XVIIIe siècle ; la preuve du contraire est démontrée par la lecture des actes cités.

1629. — Un nommé Louis Léjay, chevalier de l'ordre de Saint-Jean de Jérusalem, à l'occasion de son projet de faire construire « un corps de logis et dépendances en ce lieu qui est Château-Gaillard », fait un don de 300 livres à la Fabrique, plus 5 sols de rente perpétuelle. « Cette somme est donnée pour achat d'héritage ou rentes. »

CHAPITRE V

1640. — On commence à trouver des traces d'une comptabilité communale. En voici un spécimen :

Copie d'un reçu :

« Je, Pierre Pidou, conseiller secrétaire du roi, maison et couronne de France, et de ses finances, commis par Sa Majesté à la recette générale des droits d'amortissement, à ceux dus par les ecclésiastiques, bénéficiers, communautés, et tous autres gens de mainmorte de ce royaume, pays, terres et seigneuries de son obéissance suivant les lettres de déclarations du 19 avril 1639 et 7 janvier 1640, confesse avoir reçu comptant des habitants de Maisons, la somme de cent vingt livres à laquelle messieurs les commissaires généraux, pour ce députés, ont taxé la finance due à ladite Majesté, par lesdits habitants, pour ledit droit d'amortissement, à cause des droits qu'ils possèdent en commun, sujets audit droit, et treize livres, pour les deux sols pour livre de ladite somme.

« Dont je me tiens content, et en quitte lesdits

habitants et tous autres, par la présente, signée de ma main.

« A Paris, le quinzième jour de mars 1640 :

« Signé : PIDOU. »

1652. — En raison des grandes dépenses que la guerre avait amenées, le roi décida de faire payer à nouveau, en 1652, le droit d'amortissement, objet du reçu qui vient d'être reproduit.

Il y a lieu de remarquer que si, d'un côté, les abbés de Saint-Maur contestaient aux habitants de Maisons la propriété complète des quelques champs dont ils jouissaient en commun, et leur réclamaient de ce fait un impôt sous forme de corvées, le roi reconnaissait leurs droits sur ces mêmes champs, afin de pouvoir à son tour exiger d'eux la taxe de mainmorte.

Pendant ce temps, les seigneurs de Charentonneau, de Saint-Pierre, de l'Image, de Maisonville, et enfin l'archevêque de Paris, qui possédaient la majeure partie du territoire et avaient en fief le reste, achetaient, vendaient ou échangeaient leurs propriétés ou leurs droits, et percevaient des dîmes, cens et tailles.

Le roi levait l'impôt sur ses sujets, le grand seigneur sur ses vassaux, et, tous encore, sur le paysan, qui, lui, ne pouvait rien attendre que de ses bras.

1647. — On faisait l'école au presbytère depuis un temps immémorial, mais seulement, en 1674, on voit pour la première fois figurer dans les comptes une somme de 30 livres payée au vicaire, chargé de l'instruction des enfants.

On se plaignait déjà de l'octroi de la ville de Paris. Il avait été payé, pour de la paille livrée par la commune, 30 livres à la porte Saint-Antoine, et on avait refusé de rendre cette somme, à la porte Saint-Denis, par où ressortaient les voitures qui se rendaient dans cette ville.

La paille se vendait deux sols la botte.

1680. — Il commence à être question depuis quelque temps de prés communs entre Maisons et Créteil. Ces prés faisaient partie de ceux concédés par les abbés aux habitants pour le pacage de leurs bestiaux.

Lorsque ces terres commencèrent à être mises en location, les deux communes se les partagèrent par moitié à l'amiable, mais les abbés protestèrent disant d'abord que la tolérance qu'ils avaient consentie était uniquement au profit des habitants de Maisons, et que, dans tous les cas, ces derniers ne pouvaient partager un bien qui ne leur appartenait pas.

Cette question traîna fort longtemps ; il ne semble pas qu'elle fut jamais tranchée par un partage définitif. La Révolution mit les parties d'accord, en saisissant ces champs et les vendant comme biens nationaux.

Ces terres avaient été surnommées *Prés des pailles*, parce que les habitants de Maisons qui étaient obligés depuis fort longtemps de fournir les pailles et litières pour la grande écurie du roi, affectaient le revenu qu'elles produisaient à l'acquisition de cette paille quand elle n'avait pas pu y être récoltée. C'est de l'une de ces livraisons qu'il s'agit, lorsqu'on parle de l'octroi de Paris. Cette paille était plus généralement livrée à Carrières-Charenton, au *Séjour du roi*, où les chevaux de la cour étaient logés.

En échange de cette fourniture, depuis le roi Jean, en 1351, jusqu'à Louis XV, en 1717, il leur avait été octroyé dix-huit chartes comportant des privilèges qui se résument et se complètent dans la dernière que voici :

« Louis, par la grâce de Dieu, roi de France et de Navarre, à tous présents et à venir salut.

« Nos bien-aimés les habitants de Créteil, Maisons et villages qui en dépendent, nous ont fait remontrer qu'ils sont obligés de fournir à leurs dépens toutes les pailles et litières nécessaires pour les chevaux de notre grande écurie, et de les conduire en quelque lieu que notre dite écurie soit commandée... Pour les indemniser, il leur a été accordé l'exemption de tout port, péage, passage, barrage, travers, pour eux leurs chevaux et voitures. »

On les exemptait en plus, de fournir chevaux ou voitures pour l'armée et l'artillerie, de loger les troupes, et de tout impôt, deniers, tailles, existant ou à exister.

Ce qui n'empêche pas qu'à diverses reprises il soit constaté des dépenses occasionnées par les troupes campées ou de passage.

1687. — Jusque-là, à part les contestations plutôt de forme, soulevées par les abbés de Saint-Maur, les habitants avaient joui tranquillement et intégralement du produit des biens communaux ; cela les aidait, comme il vient d'être dit, à supporter la charge de la fourniture des pailles, et à pourvoir aux dépenses communales ; quand survint, comme prévôt de Créteil, un sieur Oudart, qui les obligea à les louer, où à en vendre les récoltes dans les formes administratives, fort coûteuses ; de plus, à diverses reprises, il se les fit adjuger à bon compte, et ne versait qu'une faible partie du prix entre les mains des syndics. Son fils fit de même, et un autre prévôt après lui. Le syndic de Créteil se laissait faire, mais celui de Maisons résista et finit par obtenir justice.

1688. — Dans chaque commune, un *bailli*, *syndic* ou *maire*, était chargé de l'administration.

Les coutumes étaient si diverses, selon les provinces, qu'il n'est pas facile de préciser comment ses fonctions lui étaient dévolues ; comme on le voit, le nom variait également.

Le plus souvent, conformément à un édit royal, les notables nommaient par acclamation douze d'entre eux, qui prenaient le nom de *jurés*, *échevins*, *syndics* ou *marguillers*, et composaient l'assemblée communale.

Cette assemblée soumettait au choix du roi, ou du seigneur, trois de ses membres, parmi lesquels il désignait le chef de la municipalité, qui n'exerçait qu'une année, et devait en rester trois sans pouvoir être de nouveau appelé à cette fonction. Dans la généralité de Paris, c'était *syndic* qu'on le nommait.

Il dirigeait non seulement les affaires de la communauté, d'ailleurs fort peu importantes, mais remplissait aussi le rôle de percepteur.

A Maisons, chaque année à la Saint-Rémy, il rendait ses comptes aux habitants de la commune, et au prévôt duquel il relevait.

Voici à titre de curiosité le résumé d'un de ces comptes :

« Compte que rend par-devant vous, monsieur le Prévost de Créteil, Maisons, Mesly, Pont-de-Charenton et ses dépendances, et en présence de monsieur le procureur fiscal, aux manants, et habitants de la paroisse dudit Maisons, honorable homme Charles Huet, laboureur, demeurant audit lieu de Maisons, au nom et comme procureur-syndic et receveur de la communauté des habitants de Maisons, de ce qu'il a reçu, payé et déboursé pendant l'année de sa charge, qui a commencé le 1er octobre jour et fête de Saint-Rémy de l'année 1687, pour finir à pareil jour de l'année 1688 et ainsi qu'il est dit :

Chapitre des recettes.

Premièrement, le comptable se charge de la somme de 200 livres qu'il a reçue de madame Huet sa mère pour les prés retranchés de ladite commune pour la deuxième année du bail à elle fait le 1er jour de mai 1688, ci......	200l	»	(1)
Suivent d'autres recettes du même genre formant ensemble..........................	390l	1s 6d	
Somme totale de la recette................	590l	1s 6d	

(1) Une livre valait 20 sols ou sous; un sol, 12 deniers.

CHAPITRE DE DÉPENSES.

Premièrement du mardi septième jour d'octobre de l'année 1687, le comptable se charge de la somme de 8 livres 5 sols pour un voyage à Paris, pour voir M. de Monginot, touchant les affaires de la commune, au sujet de la taille, en présence de MM. Antoine Girard, Jacques Jolly Noblet, François Cocquart, Jacques Chevalier et consorts, collecteurs de ladite paroisse, ci..	8l	5s	»
Du jeudi quatorzième jour de décembre, le comptable se décharge de la somme de trois livres qu'il a payée au sieur Greslé, pour une requête portée à Monseigneur l'Intendant touchant l'affaire de Charrède, laquelle requête n'a point été répondu, à cause qu'elle a été égarée entre les mains de Monseigneur Poupart secrétaire dudit seigneur intendant, ci........	3l	»	»
Plus du vendredi deuxième jour de janvier 1688, de la somme de 24 livres pour trois agneaux que l'on a fait présent. Savoir : Un à M. Ollier, un à M. Monginot et le troi-troisième au sieur Chourde, ci...............	24l	»	»
Du samedy trentième jour de janvier, se décharge ledit comptable de 18 livres 15 sols. Savoir : 8 livres pour un agneau donné au sieur Petitpas, pour le prier d'aller chez mondit seigneur l'intendant lui recommander le bon droit; 45 sols pour avoir loué une seconde sentence contre de Charrède, laquelle le déclare garde-moulin. Et 8 livres 10 sols de dépenses faites tant à Paris qu'à Vincennes, pour avoir été faire chercher la date de la sentence chez le lieutenant de Charenton, qui demeure à Vincennes, attendu qu'on ne l'a point vu au greffe de Charenton. En présence de Noblet, Cocquart, Fouailles et Joly, ci........................	18l	15s	»
Du vendredi trentième dudit mois et an, le comptable se décharge de 6 livres qu'il a payées au menuisier de Charenton pour un banc dans l'église pour asseoir le syndic, ci.............	6l	»	»

On paie encore : 50 sols à un sieur Fiset, pour être venu recevoir les voix des habitants pour la nomination des collecteurs............	»	30^{s}	»
Et 20 sols pour son déjeuner..............	»	20^{s}	»
9 livres au maître d'école..................	9^{l}	»	»
18 livres 15 sols 6 deniers pour rente à l'église....................................	18^{l}	15^{s}	6^{d}
200 livres pour ouvrages au pavé du chemin de Charenton.............................	200^{l}	»	»
50 sols pour deux journées du syndic passées à s'occuper des affaires de la commune...	»	50^{s}	»
12 livres pour sa gestion et rendition du compte.....................................	12^{l}	»	»
3 livres pour celui qui a dressé le compte.	3^{l}	»	»
15 sols pour les papiers timbrés du compte.	»	15^{s}	»
En dehors de ces dépenses, dont le détail a été abrégé, il a été fait des paiements nombreux, pour requêtes, significations, procès, défenses devant un tribunal, expéditions de sentences, démarches à Paris, etc., etc..................			
Ensemble.............	320^{l}	5^{s}	»
De sorte que le total des dépenses de l'année s'élève, en 66 articles, à.....................	628^{l}	15^{s}	6^{d}
Les recettes n'étant que de..................	590^{l}	1^{s}	6^{d}
Il en résulte un déficit de..................	38^{l}	14^{s}	»

Comme on peut en juger ; cette comptabilité n'a que de vagues rapports avec celle actuelle des communes.

Les recettes n'offrent rien de particulier ; elles consistent uniquement dans le produit des biens communaux.

Les dépenses sont plus intéressantes ; la majeure partie des ressources est employée pour affaires de chicane, et en voyages à Paris ou ailleurs, qu'elles ont motivées.

On voit aussi qu'on donnait des agneaux pour

avoir les bonnes grâces des grands personnages, et, ce qui est plus drôle, pour obtenir le bon droit.

Quoiqu'il y eût des vignes à Maisons, l'emploi des pots-de-vin en nature n'y était pas en usage ; les agneaux en tenaient lieu ; en revanche, le principe de la rétribution des fonctions municipales était en application.

Le syndic établissait bien son compte à la fin de son année d'exercice, mais il ne remettait pas toujours en même temps le reliquat des recettes, quand il y en avait ; et c'était généralement le cas. Il faisait souvent ce versement plus tard ; c'était ce qui constituait le budget supplémentaire, et servait à combler les déficits des mauvaises années.

Ces comptes subissaient un contrôle de l'administration supérieure d'alors, et ce n'était pas très rapide ; celui qui nous occupe fut réglé définitivement en 1702, soit au bout de quatorze ans, et avec cette mention en marge, que « le rendant dit avoir employé en dépenses de cabaret et boisson plus qu'il n'en accuse ». Qu'on se plaigne donc encore de la lenteur de notre Cour des Comptes !

Une année précédente, un déjeuner offert à un arbitre avait coûté, pour deux personnes, 30 sols, et un dîner pour trois, 55 sols.

Le *Marguery* d'alors ne ruinait pas ses clients.

CHAPITRE VI

1689. — Pour en finir avec les comptes de cette époque, nous signalerons les dépenses suivantes :

Vin offert aux collecteurs, 30 sols. Fait présent d'un panier de cerises à M. Monginot, 30 sols. Pour la procession de Sainte-Geneviève à Paris, 5 livres 18 sols. Dépensé en revenant de la procession, chez Roger Chastenay, 3 livres 10 sols. A l'occasion des feux de joie, vin qui a été bu par les habitants, 11 livres.

Ce Roger Chastenay, dont le nom revient fort souvent, était l'aubergiste unique, ou tout au moins en vogue à l'époque. Son établissement était situé dans la Grande Rue, à l'enseigne de l'Image, ou la Belle-Image.

Il semble que sa caisse, et celle de ses prédécesseurs et successeurs, était le déversoir d'une bonne partie des recettes communales.

Comme de nos jours, tout le monde ne payait pas régulièrement ses contributions : ainsi, en 1686, on poursuivait le tenant de la ferme d'*Hallefort*, qui ne payait pas sa taille.

1709. — Il résulte d'un dénombrement qu'il y avait 95 feux.

En 1726, il est compté 450 habitants, et en 1745, 92 feux.

Ces chiffres tendent à démontrer que nous étions dans le vrai, en estimant à cinq, le nombre de personnes par ménage, dans l'évaluation de la population vers 1324.

Au commencement du XVIIIe siècle, les actes de l'état civil sont libellés un peu plus longuement que cent ans plus tôt.

En voici des exemples :

« Le 17 février, est née, et a été baptisée le même jour, Marie-Claude, fille de Jacques Camarge et dame Barba sa femme. Les parrains, Nicolas Palbras, garde-moulin, et Claude Charlot, fille de Nicolas Charlot. »

« Le 20 juin 1714 a été inhumé dans le cimetière de Maisons, en présence des témoins soussignés, Guillaume, dit l'Espérance, carrier de la province d'Anjou, ainsi que Toussaint, son maître, nous a déclaré. »

« En 1726, le 22 septembre, après les publications faites en cette paroisse, au prône de la messe paroissiale, les 18, 25 et 1er septembre, les fiançailles faites les jours précédents ; ce même jour ont été mariés, et ont reçu de moi, vicaire soussigné, la bénédiction nuptiale, avec les cérémonies accoutumées.

« Alèxandre Guibaud, âgé de quarante-deux ans, de la paroisse de Mesnil-Brioude, du diocèse de Séez, fils des défunts Julien et Anne Fucodet, domestique depuis vingt ans, chez Monsieur Huet, receveur de la seigneurie de cette paroisse, d'une part,

« Et de Elisabeth Boëte, âgée de vingt-quatre ans, fille de Claude et Marguerite Bouillet, ses père et mère, de cette paroisse, d'autre part,

« En présence de Robert Briout, tailleur de pierres, Jean Mauger cordonnier, amis de l'époux, Claude Boëte, son frère, et Antoine Mathé, tonnelier, tous de cette paroisse, lesquels ont tous déclaré ne savoir ni écrire, ni signer, de ce qui suivant l'ordonnance.

Courteron *curé*, Moreau *vicaire*.

De 1725 à 1730, la moyenne annuelle des naissances est de 20. Celle des décès, de 24, et enfin des mariages, de 6.

Le chiffre des naissances est resté sensiblement le même qu'un siècle avant (20 au lieu de 17 par an). Celui des mariages s'est augmenté (6 au lieu de 4). Mais, pour les décès, il y a un accroissement considérable (24 au lieu 11).

Les époques qui nous ont fourni des points de comparaison doivent être placées probablement aux pôles opposés, comme situation sanitaire, car, dans le second cas, non seulement les décès ont plus que doublé sans que, selon toute apparence, il y eût augmentation sensible de la population, mais encore, il excède les naissances, ce qui, pour ces temps, est anormal.

Le dernier point de comparaison correspond à la période de maladie et de misère, succédant à la peste, qui frappa si cruellement Marseille et Avignon, de 1720 à 1723, et dont se ressentit toute la France.

Ce qui, du reste, nous confirme dans cette idée, ce sont les chiffres du dénombrement donnés plus haut, desquels il résulte, que de 95 feux, correspondant à 475 personnes au moins, existant en 1709, il n'y a plus que 450 habitants en 1726 et 92 feux en 1745. Cette diminution ne provient pas d'une exode, puisque le nombre des naissances est resté normal.

L'année 1709 avait déjà été marquée par un hiver terrible, qui, en détruisant les récoltes, avait amené la famine.

1714. — On reconstruit le pont de Charenton tel qu'on le voyait avant 1862. A cela près, qu'il n'y avait pas de trottoirs, et que des bornes s'appuyaient de place en place aux parapets.

Il était en pierre et en bois ; on raconte qu'il fut fait ainsi pour être plus facilement brûlé, au cas où on eût voulu le prendre.

Si le fait est exact, il détruit cette légende que les arches en bois furent faites en remplacement de celles en pierre, démolies à l'occasion d'une guerre.

1720. — Un régiment de dragons d'Orléans, de passage à Maisons, y campe, et loge chez les habitants, il en résulte diverses dépenses pour transport de lits, collations aux maréchaux de logis, et fourniture de chandelles, et ce, contrairement à la Charte toute récente de Louis XV, qui exemptait la commune de ces charges.

Un abbé Gaillard avait laissé à la commune, par testament, 3 000 livres, pour que le revenu fût affecté à l'instruction des filles pauvres. En dernier lieu, il en fut fait placement entre les mains de l'archevêque, à la charge par lui de pourvoir à l'entretien de l'école.

1726. — A propos du règlement d'une dette de 328 livres, contractée par la commune envers un nommé Moreau, voici la formule du procès-verbal d'une assemblée communale :

« Aujourd'hui, dimanche 3 février 1726. Issue de la grand'messe paroissiale de Saint-Rémy de

Maisons, après le son de la cloche, l'assemblée tenue au devant de la principale porte et entrée de l'église, sur le réquisitoire de Jean Cheureau syndic, sont comparus, par-devant nous, André Boutelou, greffier et tabellion de cedit lieu de Maisons, les habitants de Maisons, ci-après nommés.... Comparant à l'effet de régler, convenir et accorder sur les prétentions et demandes de M. Paul Moreau, marchand farinier à Paris... »

Il résulte de ce procès-verbal et de bien d'autres, qu'au début de la formation des communes, dans les questions importantes, tous les habitants étaient appelés à donner leur avis, ce qui n'était que la réédition des conseils ou palabres, en usage chez tous les peuples, dans l'enfance de leur civilisation.

1731. — Reproduction d'un titre fait au profit de l'église de Maisons par François Cézille, de six sols de rente hypothéquée sur une maison y mentionnée. « 21 octobre 1731 :

« A tous ceux qui ces présentes lettres verront, François-Louis Gagne, procureur au Châtelet de Paris, prévost haut justicier, juge civil, criminel et de police des prévosté, terre et seigneurie de Créteil, Maisons, Mesly, Pont-de-Charenton et dépendances, pour Illustrissime et Révérendissime père en Dieu, messire Charles-Gaspar Guillaume de Vintimille des comtés de Marseille, du Luc, archevêque de Paris, duc de Saint-Cloud, pair de France, commandeur des ordres du Saint-Esprit, seigneur spirituel et temporel des susdits lieux ; salut.

« Savoir faisons, que par-devant André Boutelou

greffier tabellion des susdits lieux, fut présent sieur François Cézille maître serrurier à Paris, y demeurant, rue Sainte-Croix de la Bretonnerie, lequel a reconnu et confesse, et par ces présentes, reconnaît et confesse qu'il est à présent détenteur, propriétaire et possesseur d'une grande maison, circonstances et dépendances, sise à Maisons, rue des Bretons, à porte charretière, grande cour, deux corps de logis, four à cuire le pain, etc.

« Tenant d'un côté aux héritiers Viard, d'autre à M. de Bragelonne et veuve Rousselet, aboutissant par derrière sur le presbytère et par devant sur ladite rue des Bretons, et que sur ladite maison et lieux en dépendant, l'œuvre et la Fabrique de Saint-Rémy de Maisons a droit de prendre et percevoir pour chaque an, le jour et fête de Saint-Martin d'hiver la somme de six sols de rente, etc.

. . . .

« Fait et passé à Maisons, en l'étude, l'an 1731 en présence de Jacques Barbarin et Laurent Coignet carriers...

« Reçu six sols pour les droits de contrôle. »

Mgr l'archevêque ne pratiquait guère l'humilité chrétienne ; il cumulait l'amour des titres nobiliaires avec celui des titres de rentes.

Un sieur Grumeau, de Clichy, ayant été nommé maître d'école, on alla chercher ses meubles, ce qui coûta douze livres.

Comme la plupart des nouveaux arrivés, il ne trouva pas l'installation de la classe à son goût et mit la commune en frais ; il fallut acheter une table et un banc, qui coûtèrent six livres, puis un bâton et un sifflet payés trois livres.

On lui allouait une subvention de soixante livres par an, pour l'aider dans le paiement de son loyer, et pour l'instruction des enfants indigents.

Cet instituteur resta en fonctions pendant de longues années ; il y était encore, peu avant la Révolution. Il percevait des familles une petite rétribution, souvent en nature, qui lui permettait de vivre. Ses descendants furent l'un percepteur et greffier pendant la Révolution, et l'autre institutrice jusque vers 1834.

Toutes porportions gardées, il y a loin, de ces soixante livres de dépense annuelle et neuf livres de matériel, au budget actuel de l'instruction ; aussi n'est-on pas étonné de voir que, sur huit personnes figurant à un mariage, pas une ne savait même signer ; seuls, le curé et le vicaire pouvaient remplir cette formalité.

Il fallait quelquefois équiper le milicien et presque toujours le chausser ; une paire de souliers coûtait quatre livres dix sols. Cette année-là, pour le mener d'abord à Villejuif, et ensuite à Saint-Denis, il fut dépensé dix livres.

Un *garde de grains*, *messier* ou *garde champart* (1) entrait en fonctions ; à cette occasion, et, sans doute pour fêter cette institution nouvelle et l'embauchement, après lui avoir montré les limites des terres, il fut dépensé deux livres deux sols au cabaret.

(1) Garde champêtre.

CHAPITRE VII

1738. — En même temps qu'on complète l'installation de l'école, on emploie plus fréquemment la salle presbytérale pour les réunions; les jeunes gens y dansent même les jours de fête; elle constitue en quelque sorte la maison commune.

Il y avait quatre cloches à l'église; nous apprenons qu'après en avoir refondu deux, on les baptise. Les parrains et marraines de la moyenne versent cent quatre-vingt-douze livres de gratification, et ceux de la quatrième, soixante.

1740. — On commence également à s'occuper de la subsistance des pauvres.

A ce propos, en remontant un peu en arrière, nous voyons que dans l'application de l'impôt de la taille, on ne tenait pas compte de la situation de fortune de l'assujetti.

Voici un extrait du rôle de 1731 :

« Mémoire des particuliers qui tiennent des nommés Rozez et consorts.

Michel Theveau, nouvel habitant taillable à Charenton, homme fort âgé et batteur en grange.................. 2^{l}

François Goupil père, âgé de quatre-vingts ans, qui n'a avec lui qu'une fille estropiée d'une main, paie de taille. 4^{l}

Robert d'Albecq, payait 45 livres à raison de ce qu'il tient des susnommés, paie........................ 53^{l}

Augustin Bouclon, nouveau venu, savetier, garçon, paie.. 3^{l}

La veuve Denise Milcaut, femme âgée, estropiée, pauvre, paie.. 2^{l}

Claude Boiste, batteur en grange, paie............... 3[l]
Jean Marchand, manouvrier, paie.................. 8[l]
Nicolas Paris, soixante-quinze ans, infirme, paie..... 1[l]
Catherine Segretin, ouvrière très pauvre............ 8[l]
Anthoine Mathé. — — .... 10[l]
Jean Huchon, batteur en grange, très pauvre........ 2[l]
Étienne Meunier, manœuvre, très pauvre............ 6[l]
Claude Claujard, — — .... 5[l]
Anthoine Milcent, — — .... 4[l]
Jean Gentil, — — .... 6[l]

« Le soussigné, curé de la paroisse de Maisons-près-Charenton, certifie que tous les ci-dessus nommés (sauf Robert d'Albecq) sont à l'aumône de la paroisse, en foi de quoi avons signé :

« Le 4 décembre 1731.

« COUSTERON. »

La Fabrique, ou la commune, était obligée de payer pour eux.

Malgré qu'il fût fait à certains moments des feux de joie, il ne semble pas que le bonheur était parfait, car l'on trouve une adresse dans laquelle « les pauvres manants et habitants de Maisons-sur-Seyne près le pont de Charenton » exposent à leur seigneur « leurs plaintes et doléances », à raison des charges de toutes sortes qui leur incombent, « et que la mauvaise nature de leurs champs secs et sablonneux ou sujets à de fréquentes inondations, leur rend difficiles à supporter ».

Nous ignorons s'ils obtinrent satisfaction.

1748. — Un nommé Blaise Blancheteau remplit, contrairement à l'usage, les fonctions de syndic pendant plusieurs années (de 1748 à 1753).

Il s'attire des observations de la part du Prévôt vérificateur des comptes, qui constate qu'il s'attribue 60 livres pour sa gestion annuelle, au lieu de 15 que prélevaient ses prédécesseurs ; de plus, pour chacune de ses démarches touchant les affaires de la commune, il fait figurer des déboursés qui sont qualifiés d'*exorbitants*. Les habitants, plus conciliants que le prévôt, lui avaient donné un quitus sans réserves.

Non seulement on fêtait le départ du milicien pour l'armée, et à ce sujet on trouve une dépense de une livre quatre sols, pour trois pintes de vin bu ; mais, sans doute selon sa situation de fortune, comme on l'a vu, on le chaussait ou l'habillait complètement.

L'enrôlement avait lieu parfois à Vitry, et, comme il n'y avait de pont ni à Choisy ni à Ivry, on payait le passage d'eau ; d'où une nouvelle dépense de trois livres deux sols. Enfin on lui offrait une *cocarde*, dont le prix variait de trois à cinq livres ; tout cela sans préjudice d'autres petites libations supplémentaires.

La pinte dont il est fait mention ne doit pas être celle qui équivalait environ au litre actuel ; il y en avait une autre, d'une capacité double, encore en usage chez les laitiers. Si, comme il est probable, c'est cette dernière qui était employée, cela mettait le vin, sinon récolté, tout au moins vendu à Maisons, à quatre sols le litre.

Cette cocarde, d'un prix élevé, comportait peut-être des flots de rubans ; à moins qu'elle n'eût été une espèce de gratification allouée au conscrit sous ce nom ?

Selon les années, ce milicien était conduit à Vitry, comme il vient d'être dit, où à Choisy, Paris, Saint-Denis, ou même Saint-Germain, soit, sans doute, que le régiment pour lequel il était désigné campât, ou tînt garnison, dans l'une ou l'autre de ces localités.

1753. — Le prévôt fait encore observer que les dépenses de cabaret absorbent une trop forte partie des ressources communales ; il annonce qu'elles ne seront plus tolérées qu'à l'occasion de la conscription. Il n'est pas tenu immédiatement compte de ces observations, mais, au bout de quelques années, ces dépenses disparaissent, sauf pourtant pour un incendie, à l'occasion duquel il est dépensé soixante trois livres en rafraîchissements pour les travailleurs.

1754. — Plusieurs locataires de la Fabrique demandent des indemnités, ou des réductions de loyer, parce que « le nouveau grand chemin de Villeneuve » a coupé en deux, ou diminué des pièces de champs qu'ils avaient en location.

Un peu avant, en 1740, il y avait eu un échange de terres entre le Roi et la Fabrique, sans doute, pour l'établissement de ce chemin, devenu plus tard route nationale n° 5, et remplaçant celui beaucoup moins direct qui passait par la droite dans la plaine, aujourd'hui, la rue de Villeneuve, d'Alfortville.

Charenton a depuis longtemps le monopole de fournir Maisons de friandises; c'était un pâtissier de cette commune qui livrait pour quatre livres d'échaudés à l'église à l'occasion du jeudi saint.

1759. — La location d'un banc à l'église coûtait 18 livres par an, prix relativement élevé ; tous n'étaient sans doute pas occupés, car, les recettes baissant, la Fabrique fut obligée de demander le concours de la commune pour solder certains travaux. Par suite d'un accord, la commune prit à son compte l'entretien du presbytère et du vicariat, y compris, pour ce dernier, le mobilier, laissant à la cure la charge de l'église et du cimetière. On ne tarda pas à entretenir également l'église comme gros-œuvre.

1760. — Si les dépenses de cabaret ont fini par disparaître, on voit heureusement augmenter celles de l'instruction.

La prise de possession d'un immeuble, en tant qu'entretien, ouvre la porte à une production de mémoires, peut-être excessive. Il y a aussi l'horloge de l'église qui, ayant constamment besoin d'être réparée, coûte fort cher.

CHAPITRE VIII

1765. — En 1765, un baron de Bormes vendit au roi le château d'Alfort pour y établir l'École vétérinaire. Il avait comme dépendances une ferme importante qui, à un certain moment, avec une partie du château, avait été érigée en fief (1) sous le nom

(1) Le *fief* constituait un droit de souveraineté sur certains biens et obligeait le possesseur du sol à des charges envers le seigneur du fief.

de Maisonville ; les bâtiments d'exploitation occupaient l'emplacement où furent installés en 1864 l'ancienne mairie et le groupe scolaire de Maisons.

Ainsi qu'on peut en juger par un plan existant dans sa bibliothèque, l'École d'Alfort était loin d'être ce qu'elle est aujourd'hui.

Les différents services avaient été installés dans le château et ses dépendances. Il y avait comme annexe, en bordure du chemin de Créteil, « une fabrique d'huile de vitriol ». On voyait encore, il y a quelques années, plusieurs de ces bâtiments ; ils occupaient toute la partie en face et à gauche de l'entrée, où sont les jardins des professeurs ; il n'en reste plus aucun depuis 1888.

La façade de la propriété était séparée de la route de Maisons par une bande de terre cultivée, dont on prit possession par la suite, pour construire en alignement.

Les élèves furent plus tard qualifiés d'*élèves artistes vétérinaires* ; ils étaient autorisés à faire des accouchements, « ce qui rendait de grands services, vu l'absence de sage-femme et de médecin dans la région ». En l'an III, il fut un moment question de transporter l'école à Versailles. *Bourgelat* en fut le fondateur et le premier directeur.

Nous ne nous étendons pas plus longuement sur ce sujet, un chapitre spécial devant être consacré au château d'Alfort et à la ferme de Maisonville.

1769. — Les exercices financiers, qui allaient d'octobre en octobre, date de la Saint-Rémy, suivant la tradition des comptes de la Fabrique, les premiers sans doute qui aient été établis, sont reportés, vers 1769, de janvier en janvier.

1773. — Par l'examen d'une carte, dite des chasses, qui fut dressée de 1764 à 1773, on peut se rendre compte de ce qu'était la commune à cette époque.

En quittant le pont de Charenton, on trouvait à droite un groupe de maisons où était installée la poste aux chevaux, depuis quelques années seulement, car, vers 1744, elle était encore dans la *rue montante* du *Bourg du pont de Charenton.*

A gauche, en bordure du chemin de Créteil, qui constituait la grande rue d'Alfort, en face des bâtiments de l'école, existaient également quelques maisons, entre autres un chantier de bois et une auberge.

En remontant le cours de la Marne, on rencontrait d'abord le *Moulin neuf* et ses dépendances, et, plus loin, le groupe formé par le moulin, le château et la ferme de Charentonneau.

A la hauteur du Moulin neuf, entre la Marne et le chemin de Créteil, on voyait Château-Gaillard.

A Maisons, à gauche en entrant, on remarquait une vaste propriété, appelée plus tard château de Saint-Georges; — un peu plus loin, sur le même côté, la ferme de *Maisonville* (1); — à côté une autre également importante dépendant du *fief de Saint-Pierre* (2); — à droite, en face, celle de l'archevêque; — à la suite, le *château de Saint-Pierre* (3); — plus

(1) Actuellement l'ancienne mairie.
(2) — le marché.
(3) — le couvent.

loin, toujours à droite, un château, un parc et une ferme constituant le *fief de l'Image* (1).

A l'angle de la grande rue et de celle *des Cochets* (2), on voyait l'église qui n'a été que peu modifiée ; — le cimetière, aujourd'hui disparu ; — au bout de la *ruelle Au prêtre* (rue de la Procession), le presbytère.

Tout l'espace compris entre la route de Villeneuve ; — la *rue Basse-Saint-Pierre* (rue Marceau) ; — le *chemin de l'Échat* (3) (rue Victor-Hugo) ; — le *chemin Maugreffier* (rue des Mèches) ; — et, vers la plaine, un mur en terrasse, était occupé par le *château de Reghat*, divisé depuis, dont la majeure partie constitue aujourd'hui l'usine Springer et ses dépendances.

Et, enfin, une autre propriété importante bordait la *rue des Cochets* (rue Victor-Hugo) ; — le *chemin des Montants* (rue Carnot) ; — le chemin Vert ; — et celui *de l'Y* (rue Gambetta) ; — correspondant à peu près à celle de M. Durst, en y comprenant la vermicellerie, et le terrain du maraîcher voisin.

Quelques autres fermes, des habitations bourgeoises de moindre importance, et des maisons de paysans bordaient en partie la grande rue ; — celle de Saint-Pierre ; — *de Jacob* (rue Gambetta) ; — des Cochets ; — et *de Jean* (rue Auguste-Simon).

La rue des Bretons, certainement la plus ancienne, était seule bâtie tout du long.

Aux rues qui viennent d'être désignées il y a lieu d'ajouter celle de *Saint-Rémy* (rue Parmentier)

(1) La nouvelle mairie.
(2) Les noms en italiques, sont ceux anciens, changés.
(3) Ce nom a été conservé sur Créteil.

3.

et la *Petite Rue* (partie de la rue de Charentonneau).

Les autres chemins étaient les suivants :

A droite de la route de Lyon, *chemin de halage* (quai de Marne) (1); — *Vieux chemin de Villeneuve* (rue de Villeneuve); — *de Jean* (rue Déterville); — *du Port-à-l'Anglais* (rue Victor-Hugo); — *des Iles* (rue du Chemin-de-Fer); — de l'Abreuvoir ou *du trou*; — de Choisy; — *des Vaches* (des Marais).

Entre les deux routes : une partie du *chemin Vert des Mèches* (rue du chemin Vert) passant alors sur l'emplacement du fort, il fut également appelé à diverses époques, *chemin de la Butte-de-Grammont*, *des Ouches* et *Maugreffier*. Le chemin de Mesly, appelé aussi *chemin du Bois*; — ceux de Valenton; — de Charentonneau ; — et celui *des Vignes*, ce dernier, traversant à mi-côte les vignes de l'Échat.

Entre la Marne et la route *de Champagne* : le *chemin de halage* (quai d'Alfort, rue des Deux-Moulins); — *chemin Roger* (passage privé); — un tronçon du chemin Vert (rue de l'Amiral-Courbet); — les chemins d'Enfer; — *de Brie*; — de Charentonneau; et de Saint-Maur.

Nous empruntons les noms de ces chemins à un rapport dont il sera question un peu plus loin.

A part des modifications dans les alignements et la largeur, leur tracé est resté à peu près le même; certains pourtant sont disparus. Le chemin Roger, à Alfort, n'a plus de nom; une partie du chemin Vert fut supprimée par la construction du fort.

(1) Une partie des chemins de halage, de Jean, des Iles, de l'Abreuvoir, de Choisy, de Villeneuve, et la totalité de celui du Port-à-l'Anglais, appartiennent à présent à Alforville.

On peut constater aussi le déclassement d'une partie de celui d'Enfer, qui contournait le parc de Charentonneau, pour arriver sur l'avenue ; l'enlèvement à la circulation de cette avenue autrefois publique; la suppression du chemin dit de Brie, qui suivait le tracé de l'ancienne avenue du Château-Gaillard, de la rue d'Enfer à la route ; la disparition de la partie du chemin de Villeneuve, entre Alfort et la plaine, et enfin les modifications apportées aux autres chemins par l'établissement de la ligne du chemin de fer ; le sentier des Vignes à Maisons disparut également, absorbé par les propriétés riveraines.

Le territoire avait été assaini par des fossés d'écoulement, malgré l'opposition de la capitainerie des chasses, et, à la suite des inondations, les eaux ne restaient plus aussi longtemps sur le sol, dont la superficie cultivable s'était ainsi considérablement accrue; les îles dites de Maisons et de Saint-Pierre existaient encore.

Dans la plaine, il y avait des remises aménagées pour la conservation du gibier des chasses du roi et des grands seigneurs.

A l'extrémité de Maisons, à droite et à gauche, il y avait des mares servant d'abreuvoirs pour les animaux et de lavoirs pour les ménagères et où plus tard vinrent se déverser les eaux sales du village. Enfin, sur le plateau, tout le long du chemin de l'Échat, dans des carrières en cavages, exploitées à l'aide de grandes roues, on extrayait le *liais de Créteil*, très réputé, qui était employé à faire des carrelages et autres travaux exigeant une pierre fine et dure. Ces cavages servent aujourd'hui de champignonnières.

Sur une autre carte, datée de 1672, on voit le tracé d'un ruisseau descendant de la côte de Valenton, traversant les plaines, et se déversant dans la Seine.

La dernière partie de son cours correspond à celui du grand fossé, dit d'assainissement, à Alfortville, dans lequel existe encore un faible courant d'eau.

La source a dû être captée à son origine, ou s'être perdue dans le sol.

CHAPITRE IX

1775. — La récolte ayant été mauvaise, on paie 600 livres pour achat de la paille à fournir pour les écuries du roi; puis 49 livres pour une levée extraordinaire de soldats. Un peu plus tard, en 1783, on dépense 500 livres pour la réfection du clocher; les ouvriers eurent 6 livres pour l'arrosage.

1785. — Par suite de ces dépenses extraordinaires, auxquelles n'avaient pu parer les recettes annuelles, il est fait une visite au coffre de la commune, duquel on extrait 805 livres 9 sols 6 deniers, qui constituaient les économies réalisées depuis plusieurs années.

1787. — En exécution d'un règlement royal du 8 juillet 1787, une réunion a lieu, en la paroisse de Maisons, « des syndics, propriétaires, habitants et bien tenants (1) », afin de nommer un syndic et autres membres qui doivent composer l'assemblée communale.

La communauté comprenait 153 feux ; l'assemblée devait se composer ainsi :

Le seigneur, le curé, le syndic et six membres élus.

Etaient présents : 14 électeurs dont voici les noms :

Roger, marchand de bois ; Gaspard, aubergiste ; Feuillet Mathias, habitant ; Léonard, menuisier ; Anglebert, serrurier ; Lajoie, marbrier ; Lecointre, habitant ; Meunier, aubergiste ; Feuillet François, habitant ; Brisset, fermier ; Lecouteux, fermier ; Noblot, cabaretier ; Chéreau, maçon ; Gouffé, boulanger.

Comme tous les électeurs né savaient pas écrire, on vota à voix haute.

Furent nommés :

En premier : Roger, qui payait, comme vingtièmes (2) 132 livres ; et pour tailles, capitations (3) et accessoires, 403 livres 5 sols. Il avait le titre de *syndic perpétuel.*

Puis, Lecouteux, Brisset, Meunier, Gouffé, Lecointre.

Coudray, fermier de l'archevêque, fut nommé syndic annuel.

Roger figurait depuis quelque temps sous le titre

(1) Fermiers non propriétaires.
(2) Voir dîme.
(3) *Capitation :* impôt direct par tête.

indiqué, qui s'acquérait moyennant finances, et disparut aussitôt après l'application du nouveau règlement. Son titulaire, avec ses 535 livres 5 sols de contributions, nous paraît être le bourgeois le plus cossu de la commune à cette époque.

La nouvelle administration relevait de la subdivision de Choisy, généralité de Paris.

C'était le premier essai d'une élection régulière à l'aide du suffrage restreint ; les électeurs n'étaient pas encore bien jaloux de leurs droits, puisque 14 seulement s'étaient dérangés.

1788. — Voici un état de situation dressé sur la demande des procureurs syndics du département de Corbeil :

Syndic, M. Coudray.

Seigneur, Mgr. l'Archevêque.

Second seigneur, M. Gaillard de Charentonneau, ancien conseiller à la cour des Aydes ;

Seigneur, marquis de Chambray, du fief de Saint-Pierre de Maisons, maréchal des camps ;

Seigneur, Le Chanteur, du fief de l'Image, auditeur des comptes ;

Le Seigneur du fief de Maisonville, possédé par l'École royale, la ferme de Maisons, comportait ledit fief.

Romphaire, curé.

Produit de l'imposition de la taille.......	3 968l 15s
Impositions accessoires..................	2 397l
— des capitations.............	2 510l
— de la corvée................	546l 17s
— des vingtièmes.............	3 161l 2s 10d
Produit total.........	12 583l 14s 10d

Voici le résumé du compte financier de l'année 1788, le dernier avant la Révolution.

RECETTES.

Adjudication du produit d'un pré (en récoltes), ci	875^{l}		
Adjudication du pré des pailles	883^{l}		
Loyer de la Grande-Noue	36^{l}	19^{s}	
Loyer des autres terres non dénommées	95^{l}	5^{s}	
Loyer des prés du Port-à-l'Anglais et du pont Japhet	196^{l}	19^{s}	
Reddition du compte de Lecouteux	50^{l}	1^{s}	6^{d}
Total des recettes	2137^{l}	5^{s}	6^{d}

DÉPENSES.

Payé frais d'actes pour les miliciens	49^{l}	
Cocardes et dîner des miliciens	9^{l}	
Impôt du vingtième sur la commune (dîme)	44^{l}	
Concours dans la réparation du presbytère de Créteil	47^{l}	15^{s}
Pour logement des cavaliers du régiment royal (paille et divers)	31^{l}	2^{s}
Honoraires du syndic	15^{l}	
Loyer de trois années pour la maîtresse d'école	108^{l}	
Gratification annuelle au vicaire	100^{l}	
Rente due à la fabrique paroissiale, deux années	73^{l}	10^{s}
Traitement du maître d'école	60^{l}	
Pour la taille imposée à la commune	40^{l}	
Remis à M. Brisset pour divers paiements	300^{l}	
Payé d'autre part	149^{l}	15^{s}
Total des dépenses	978^{l}	2^{s}

Résumé.

Recettes	2137^{l}	5^{s}	6^{d}
Dépenses	978^{l}	2^{s}	
Reste	1159^{l}	3^{s}	6^{d}

On constate qu'un peu d'ordre s'est mis dans les finances communales; il n'y a plus qu'à l'occasion de la conscription, que le budget fait les frais de rafraîchissements.

La maîtresse d'école faisait un crédit de trois années de son traitement; on pourrait en conclure que c'était une capitaliste; il semble plus probable que cela tenait à la pauvreté de la caisse municipale, car l'église avait attendu également deux ans le paiement de sa rente annuelle.

Les 1159 livres 3 sols 6 deniers vont regarnir le fameux coffre, mais ils n'y font qu'un court séjour (du 7 juin au 16 août 1789); on les en retire presque aussitôt pour solder des arriérés.

Le 14 juillet 1788, un orage avait détruit les récoltes; on indique la surface de la commune comme étant de 1355 arpents; les dégâts sont évalués à 75911 livres; il est alloué comme secours 918 livres.

Cette surface, qui ne correspond pas à celle en hectares actuelle (896), ne comprenait sans doute que les terres cultivées.

Ainsi qu'on va le voir par la reproduction d'une délibération, la commune n'a plus à fournir de paille pour les écuries du roi.

« L'an mil sept cent quatre-vingt-huit, le 24 février, les habitants assemblés au son de la cloche, à l'issue des vespres, à la manière accoutumée, tous habitants, syndics, marguillers, anciens syndics et marguillers, sommes convenus ce qui suit :

« Savons qu'il se trouve dans la Paroisse, un objet dénommé sous le nom de prez des pailles, lequel, depuis les temps les plus reculés, a été abandonné par les habitants à l'emploi de fournir les pailles pour les écuries de sa majesté, laquelle fourniture les exemptait de fournitures, corvées, logements et autres charges, consistant en 2500 bottes de paille, laquelle fourniture ayant cessé, et lesdits habitants ayant été imposés à la corvée, c'est pourquoi, d'un avis unanime, il regarde que le produit soit réparti au marc le franc la livre, sur le pied auquel chacun des contribuables est imposé, jusque tant que ladite imposition aura lieu.

« Dedans le cas où la corvée se trouverait éteinte, le montant rentrerait dedans l'ordre ordinaire, et imposé sur le rôle, ce qui viendrait à la décharge de chacun des habitants.

« Fait et passé en l'état, les jour et an que dessus. »

Entre temps, M. Coudray, qui s'intitulait syndic municipal, étant décédé, la municipalité fut réorganisée. Roger père, marchand de bois à Alfort, fut nommé pour lui succéder, et prit le nom de maire.

C'est le premier magistrat municipal qui porta ce titre.

Cette famille Roger devait être très ancienne dans le hameau d'Alfort, car depuis longtemps on la trouvait parmi les hommes s'occupant des affaires publiques. Un chemin, et un lieu dit; le chemin Roger, la vigne à Roger, lui avaient emprunté leur nom.

Avant d'entreprendre l'exposé des faits postérieurs à 1789, entrant dans le cadre que nous nous sommes tracé; il est bon de jeter un coup d'œil en arrière et de regarder le chemin parcouru :

Tout d'abord, un servage complet, le régime

féodal dans ce qu'il a de plus odieux; un peu plus tard, l'affranchissement relatif d'une partie des habitants.

Ces champs, sur lesquels on n'avait que toléré un usage, deviennent, par la suite des temps, le point de départ de la commune. Un semblant d'organisation municipale s'est constitué, on tient des registres d'état civil et de comptes dans lesquels on parvient à se reconnaître; les maigres recettes commencent à servir à autre chose qu'à des dons, des procès ou des libations; et enfin une organisation municipale basée sur l'électorat régulier, fort restreint, il est vrai, est créée.

Ces quelques progrès, dont l'énumération n'emplit pas une page ont mis huit siècles à se réaliser; mais on sent, dans les moindres faits, que la patience est à bout, et qu'il va falloir, en quelques années, rattraper tout le temps perdu.

DEUXIÈME PARTIE

SOUS LA RÉVOLUTION ET LE PREMIER EMPIRE

CHAPITRE PREMIER

1789. — Voici les résultats du dénombrement qui fut fait à l'occasion de la constitution de l'assemblée des États généraux.

L'archevêque, comme seigneur de Maisons.

Gaillard de Charentonneau, seigneur haut justicier de Charentonneau, d'Alfort et de la paroisse.

Marquis de Chambray, seigneur du fief de Saint-Pierre.

Le Chanteur, seigneur du fief de l'Image.

L'École royale vétérinaire, fief de Maisonville, par l'archevêque, au château d'Alfort.

Flaust, curé.

Dufour, vicaire.

Vesse, chapelain à l'École.

NON-NOBLES (ROTURIERS (1) ET BOURGEOIS).

Chabert, directeur général de l'École.

Flandrin, directeur particulier.

(1) *Roturier :* qui n'est pas noble.

Roger père, le plus imposé.
Lacour, meunier.
Decalogne, fermier.
Plus 114 hommes mariés.
— 24 femmes veuves.
— 4 hommes veufs.
— 2 célibataires.

Ce qui correspond à environ 720 habitants, soit une augmentation de 260 depuis 1745.

On remarquera que les femmes résistaient davantage au mariage que leurs conjoints, ce qui probablement ne décourageait pas ces derniers, puisqu'il n'y avait que deux célibataires.

Une assemblée *primaire* des habitants nomma deux députés pour aller à Paris concourir à l'élection de l'assemblée des États généraux et y porter le *cahier des doléances* de la paroisse de Maisons.

Ce furent Jean-Antoine Roger (le maire) et Guillaume-François Brisset qu'on désigna.

Voici la reproduction textuelle de ce document.

CAHIER DES DOLÉANCES DES HABITANTS DE LA COMMUNE OU PAROISSE DE MAISONS-ALFORT.

« 1° Que tout privilège pécuniaire soit supprimé, et l'impôt payé par chacun des membres des trois ordres de l'État, indistinctement dans la proportion de ses facultés ;

« 2° Que nul impôt ne soit levé s'il n'est consenti par les États généraux du royaume et sa durée déterminée ;

« 3° Que les États généraux aient leur retour périodique de trois ou cinq ans, et que leurs tenues soient arrêtées dans l'assemblée précédente ;

« 4° Que l'impôt et sa perception soient simplifiés le plus possible ;

« 5° Que les aydes (1) et gabelles (2) soient supprimés ;

« 6° Que les capitaineries (3) soient supprimées comme très nuisibles aux propriétés des citoyens, et à l'agriculture, tant par la quantité de gibier qui dévaste les récoltes, que par la gêne que les cultivateurs éprouvent des gardes, et les difficultés avant la Saint-Jean de faucher les luzernes quoique en maturité à cette époque, de nettoyer leurs grains des mauvaises herbes plus tard qu'à la mi-mai, de sorte qu'il arrive souvent, lorsque le printemps est sec, que ce n'est qu'après cette époque que ces mauvaises herbes deviennent nuisibles, d'autant mieux que dans le territoire de cette paroisse, il existe vingt et une remises faisant environ vingt arpents. Dans tous les cas, la suppression est nécessaire ;

« 7° Que les droits sur les marchandises qui passent debout dans la banlieue de Paris soient supprimés, comme injustes et très onéreux au commerce, tant par leur quotité que par les vexations et les retards qu'éprouvent les voituriers, par une foule de commis qui se trouvent tant dans les lieux où il y a un bureau que sur les routes ;

« 8° Que le bureau, que les fermiers du mettage à

(1) *Ayde :* impôt extraordinaire levé dans les circonstances exceptionnelles.

(2) *Gabelle :* impôt sur le sel.

(3) *Capitaineries :* organisations pour la chasse.

port des bateaux sur les ports de Paris ont établi depuis quelque temps à Alfort dépendant de cette paroisse de Maisons, hors la banlieue de Paris, et les droits qu'ils veulent y percevoir sur les bateaux soient supprimés comme étant une extension à leurs droits, qu'ils se sont arrogés sans aucun fondement;

« 9° Que le territoire de cette paroisse contient suivant l'arpentage fait par ordre de M. l'Intendant 1544 arpents de terres cultivables et prés, qu'il y en a plus de 800 qui ne paient pas de taille, étant exploités par des propriétaires privilégiés, ce qui procure une surcharge au reste des contribuables de la paroisse, quoique à diverses reprises ils aient fait des remontrances et des mémoires;

« 10° Que le sol de ce territoire est sablonneux et peu fertile, et que dans les années sèches, les cultivateurs retirent à peine leurs semences, que la plus grande partie des meilleures terres est sujette aux inondations, par les débordements des rivières de Seine et de Marne, dont le cours et la jonction circonscrivent le territoire, auquel cas ces eaux déposent beaucoup de sable, gravier et autres immondices, qui obligent les cultivateurs à de nouveaux frais de labours et fumure quand la saison le permet;

« 11° Que les baux de terres des bénéficiaires et gens de mainmorte aient pour durée neuf ans, sans que pour raison de changement du titulaire, soit que par mort, mutation ou autrement, ils puissent être résiliés, comme très contraire au progrès de la justice, et que les baux soit faits judiciairement;

12° Qu'il n'y ait aucune exemption pour le logement des gens de guerre, excepté le curé, et militaires en exercice ;

« 13° Que la milice soit supprimée, et que dans le cas où sa suppression n'aurait pas lieu, le tirage soit fait au moins de frais possible, sans exception, même pour les domestiques des nobles et du clergé ;

« 14° Que dans le nombre des habitants de la paroisse, il y a les deux tiers de manouvriers et indigents ;

« 15° Qu'au total, tout ce qui sera arrêté dans le cahier général de la Prévôté de Paris, et qui tient au bien de l'État et au soulagement du peuple, soit demandé par les députés de ladite paroisse, comme si c'était exprimé dans les présentes. »

On peut résumer ainsi ces revendications :

1° L'impôt supporté par tous dans la proportion de ses moyens, sans aucun privilège.

2° L'impôt voté par une assemblée et pour une durée déterminée.

3° Assemblées délibérantes périodiques.

4° Simplification de la perception des impôts.

5° Suppression des impôts extraordinaires et sur le sel.

6° Suppression des chasses royales.

7° Suppression des droits de passe et des octrois.

8° Suppression des droits de débarquement.

9° (Même objet que l'art. 1°.)

10° Observation que la commune est pauvre et trop imposée.

11° Demande d'une durée garantie, pour les baux.

12° La charge du logement des troupes supportée par tous.

13° Suppression de la conscription, ou service militaire, pour tous.

14° Observation que les habitants de la commune sont pauvres.

15° Mandat (non impératif) aux députés de faire pour le mieux.

Par cette citation, on voit que Maisons était, comme on dit aujourd'hui, *dans le mouvement.*

Ce *cahier* contient, à côté de vœux d'ordre général d'un caractère élevé, des réclamations locales de bien faible importance, étant donnée la gravité des circonstances.

Plusieurs des *desiderata* qui y sont exprimés sont toujours à l'ordre du jour, sous un titre ou une forme différente, et le seront peut-être encore longtemps ; d'autres sont réalisés.

Mais qu'il est pâle, ce cahier de doléances, auprès des programmes de ceux de nos politiciens actuels, qui disent avoir plus que tous autres l'oreille du peuple !

Il fut fait un état des domaines possédés dans la commune, par les « ci-devant privilégiés de la paroisse ». Le voici :

« La *ferme de Maisonville* exploitée par l'École, 309 arpents (1), la ferme estimée 200 livres de loyer.

« *Enclos de l'école*, parc et jardin, 25 arpents, 46 perches, dont 10 arpents en bosquets.

« Le *Château de Charentonneau* à M. Gaillard de Charentonneau (*en mauvais état*), jardin, bosquets

(1) L'arpent, mesure agraire alors en usage, était de dimensions variables selon les provinces. A Maisons, il était de 36 perches de 18 pieds 4 pouces, équivalant à 3 419 mètres.

et îles, 22 arpents, évalué 300 livres de loyer.

« Un moulin et dépendances (1), loué 1 970 livres.

« Le *Château-Gaillard*, à Mme de Lety, avec enclos et jardin de 15 arpents et demi, location évaluée 400 livres.

« Moulin et dépendances *de Charentonneau*, évalué 2 400 livres. La ferme imposée pour 516 livres en principal.

« *Fief de l'Image*, loyer des constructions 400 livres; jardin, bosquets, terres, 14 arpents 75 perches, dont 6 arpents en bosquets.

« *Fief Saint-Pierre*, bâtiments évalués 400 livres; clos, 10 arpents dont 4 en bosquets; terres, 54 arpents.

« *Ferme Lecouteux*.

Propriétaires divers.

« Chevalier de Saint-Léger. Les religieuses de la Mercy. Marquise de Montbrun. Le collège Louis-le-Grand. M. de Reghat. Comte de Vintimille et divers bourgeois. »

A l'aide de ces chiffres, on peut, pour celles des habitations qui existent encore, établir la comparaison entre le prix des loyers en 1789 et de nos jours.

On commença à armer les habitants; une souscription faite parmi eux pour acheter des fusils produisit 102 livres.

1790. — Le 7 février, en vertu d'un décret, les habitants se réunirent au nombre de soixante-six

(1) Le Moulin neuf.

dans une salle offerte par le marquis de Chambray, devenu député aux États généraux. Le curé présidait cette réunion. On vota au scrutin secret. M. Roger père fut nommé maire, M. Brisset, procureur syndic, puis cinq conseillers, MM. Lecouteux, Marchand, Lacour, Bernard et Anglebert, sous le titre d'officiers municipaux, et douze notables, MM. Sauton, Quinard, Léonard, Lajoie, Petiteau, Grumeau, Ivart, Gouffé, Brisson, Noblot, Guillemard et Lecointre ; la séance avait duré de 11 heures du matin à minuit !

On se rendit le lendemain à l'église, au banc d'œuvre, pour prêter serment « d'être fidèle à la nation, à la loi et au roi ».

Il nous a paru intéressant de reproduire ici la première loi municipale faite par une assemblée délibérante et qui venait d'être mise en application.

Décret de l'Assemblée nationale du 14 décembre 1789.

« Tout ce qui régissait l'administration des communes est supprimé, y compris tous les privilèges.

« Le chef de tout corps municipal portera le nom de maire.

« Tous les citoyens actifs de la commune concourront à l'élection de la municipalité.

« L'assemblée nomme un président, un secrétaire, trois scrutateurs.

« Pour le maire seul, l'élection aura lieu au scrutin uninominal ; pour les autres, au scrutin de liste.

« Six membres de la municipalité, au-dessus de 500 habitants, y compris le maire.

« Un procureur chargé de défendre les intérêts de la commune (élection individuelle).

« Un nombre de notables double du corps municipal, élus au scrutin de liste, formant ainsi le *Conseil général* de la commune.

« Un greffier nommé par le conseil.

« Il pourra y avoir un trésorier. »

Cette assemblée se divisait en conseil et en bureau ou municipalité ; le bureau était composé du premier tiers y compris le maire.

Le bureau administrait les affaires courantes avec le maire ; en cas de décès ou démissions, il était complété par des notables, par rang d'élection.

L'ensemble du conseil général n'était réuni que pour les affaires importantes : emploi de fonds et impositions extraordinaires, procès, ventes, achats, emprunts et grands travaux ; ces réunions devaient avoir lieu au moins une fois par mois.

L'assemblée municipale était renouvelable par tiers tous les deux ans, la première fois par voie de tirage au sort ; la fonction de maire durait deux ans et était renouvelable une fois ; il fallait ensuite une interruption de deux ans avant une nouvelle élection.

Pour être *citoyen actif* ou électeur, il fallait avoir pour base de ses impositions le paiement de trois journées de travail, estimées à vingt sous l'une.

Le marquis de Lafayette, ayant reçu des représentants de la commune une adresse contenant des félicitations, y fit la réponse suivante, qui coûta huit sous de port, ce qui indique qu'il avait omis de l'affranchir.

« Messieurs : Recevez mes sincères remerciements des témoignages d'estime et de confiance que vous avez bien voulu m'adresser. Le seul hommage que je puisse ambitionner, c'est de voir mon nom inscrit parmi ceux des soldats-citoyens de Maisons. Je ne m'honore pas moins de saisir cette occasion de vous assurer personnellement du respectueux attachement avec lequel j'ai l'honneur d'être, messieurs, votre humble et très dévoué serviteur. »

« *Signé* : LAFAYETTE. »

Le greffe de la municipalité était installé à Alfort, au domicile du maire, qui se trouvait à l'entrée de la route de Créteil. C'était très commode pour lui, mais ce ne l'était guère pour les habitants des quartiers éloignés.

Les assemblées avaient lieu au presbytère, ou, quand elles étaient trop nombreuses, chez M. de Chambray, et, un peu plus tard, dans l'église, qui avait pris le nom de *Temple de la Raison*.

La commune était désignée officiellement sous le nom de *Maisons-sous-Charenton* ; mais, ainsi qu'on l'a vu dans le *cahier des doléances*, on commençait à l'appeler *Maisons-Alfort*. Elle relevait du district de *Bourg-la-Reine*, qui devint ensuite *Bourg-l'Égalité*.

On avait formé une compagnie de garde nationale; 77 habitants en faisaient partie. Les chefs furent désignés à l'élection comme suit :

M. de Chambray, commandant en premier.

M. Chabert, commandant en second.

M. de Vintimille, major.

M. Oudon, aide-major.

M. de Chavanne, capitaine de grenadiers.

M. Pascal, capitaine du centre.

M. Roger, capitaine des chasseurs.

Et enfin, trois lieutenants, MM. Coudray, Flandrin et Bernard.

En tout, dix officiers pour soixante-dix-sept hommes, c'était peut-être un peu large; mais, en revanche, il n'y avait que neuf fusils!

On voit que les idées démocratiques n'avaient pas encore gagné les masses; le curé était élu à la présidence des réunions, et les grands seigneurs, leurs fermiers ou les fonctionnaires de l'État, placés à la tête du peuple armé.

CHAPITRE II

Les événements politiques avaient amené une perturbation dans les affaires; le travail manquait; la municipalité fut obligée, conformément au décret du 31 août 1790, d'organiser des ateliers de secours, de différents genres; on fit réparer le chemin de l'Échat, et on nettoya les rues du village.

Les scieurs et tailleurs de pierres, nombreux à Maisons, furent occupés à faire des carreaux, les femmes filaient du chanvre au compte de la commune.

Voici quelques chiffres de dépenses de cette époque :

Ateliers de secours...........................	728^{l} 16^{s}
— —	88^{l} 4^{s}

Nettoyage du village	1l 10s
— des fusils	6l »
Établissement de faisceaux pour fusils	5l »
Filature de fil	109l 4s
Imposition de la taille, terres comles 1789	111l 11s
— — — 1790	127l 18s

Les comptes étaient affichés à la porte de l'église et envoyés au directeur du district.

Depuis 1789, il a été tenu des registres des délibérations du conseil général, et ensuite municipal, qui servaient également pendant la Révolution, pour la plus grande partie, à la transcription des décrets et lois, qui à cette époque sont légion ; on y inscrivait aussi les procès-verbaux dressés par le « garde champart ».

Lorsque furent institués les ateliers de secours, il n'avait pas été fait de réglementation ; on s'aperçut que les travailleurs produisaient trop. Pour parer à cet inconvénient, il fut décidé que chaque homme ne pourrait pas faire plus d'une toise superficielle de carrelage par semaine (trois toises de carreaux, une de bande), qui serait payée dix livres ; les enfants ne pouvaient en faire que moitié. Le receveur avait comme rétribution trente sous par toise.

Le dépôt était à l'*École royale*, où furent aussi installés peu après un magasin militaire et la recette des contributions en nature.

Trois cents livres avaient été affectées à des travaux sur le chemin de l'Échat, pour occuper les gens sans travail ; les hommes au-dessus de dix-huit ans gagnaient vingt sous par jour, les enfants au-dessous de cet âge et les femmes recevaient douze sous.

Le 18 octobre 1790, « les citoyens actifs du Bourg-de-Charenton et dépendances, de Charenton-Saint-Maurice, Maisons, Créteil et Bonneuil », se réunirent à Charenton pour la formation d'une *assemblée primaire*, qui comprenait les électeurs de ce groupe de communes constituant alors un canton.

A défaut d'autre salle assez vaste, les premières réunions eurent lieu dans l'une de celles de la résidence de l'archevêque à Conflans; puis dans la *salle directoriale* à l'Ecole d'Alfort, et enfin au couvent *des Valdônes* à Saint-Maurice. Il s'agissait d'élire sept délégués chargés de prendre part à la nomination des députés à la Constituante et de choisir un juge de paix pour le canton.

Le curé Gerdret, de Créteil, fut élu président de l'assemblée, et Roger fils, d'Alfort, secrétaire.

Après de nombreuses réunions fort tumultueuses, des protestations et d'interminables scrutins, un nommé Lebreton, avocat habitant Nogent, fut désigné comme juge; mais cette élection fut contestée ainsi que celles des premiers délégués; il y eut des scènes de pugilat, et l'on dut avoir recours à un représentant du gouvernement pour mettre l'accord. Voici du reste la reproduction de certaines parties des procès-verbaux de ces réunions :

« Ce jourd'hui quatre novembre mil sept cent quatre-vingt-dix, l'assemblée réunie dans l'église des Valdônes, en vertu de la convocation faite par M. Gerdret, président des assemblées primaires, d'après une lettre de M. Boullemer, procureur de la commune de Paris. . . . .

« M. Mulot officier municipal de la ville de Paris,

... nommé pour remplir auprès de ladite assemblée les fonctions de conciliateur... a invité tous les citoyens composant l'assemblée à réunir leurs cœurs pour procéder d'une manière fraternelle aux opérations pour lesquelles ils étaient convoqués... M. le président a fait lire les procès-verbaux de l'assemblée qui s'est tenue à Alfort le vingt-sept octobre et jours suivants, après quoi, la première chose mise en délibération a été de savoir s'il convenait de recommencer l'élection du juge de paix. M. le président et le commissaire ont pressé, par des raisons prises dans l'amour fraternel, tous les citoyens à prendre dans cette délibération le parti le plus propre à terminer les divisions, réunir les esprits et assurer la paix dans tout le canton ; et vu que l'église était trop étroite pour faire la division des votants, on s'est transporté dans la cour des Valdônes et là M. le président a mis aux voix, s'il était convenable de recommencer l'élection du juge de paix, a fixé la droite de la cour pour ceux qui soutiendraient la négative et la gauche pour l'affirmative ; les voix comptées, il s'est trouvé pour la négative, une pluralité de trois cent vingt-six voix, et pour l'affirmative, un nombre de quatre-vingt dix-sept voix; en conséquence, M. le président a proclamé que, d'après le vœu de l'assemblée, l'élection du juge de paix ne serait pas recommencée. »

Une autre réunion :

« ... Comme la lecture des décisions se terminait, quelques citoyens de l'assemblée se sont plaints de ce que d'autres citoyens, que l'on nous a dit être de Créteil, étaient et se trouvaient dans l'assemblée, armés de bâtons; M. le commissaire, après avoir eu l'aveu de M. le président a témoigné combien il était douloureusement affecté que pendant ses fonctions de conciliateur, quelques citoyens s'étaient permis d'enfreindre les décrets dont il a prouvé la sagesse, et monsieur le commissaire a cru devoir ensuite demander que les armes dont on se plaignait fussent déposées, ce qui a été exécuté; il a cru devoir ensuite s'emparer des débris des différents bâtons qui ont été rompus; il a paru désirer comme il a exprimé qu'en emportant les vestiges des armes défendues par la loi, il ne restât plus dans les cœurs de traces des motifs qui les avaient fait prendre... »

Le dissentiment résultait d'une lutte d'influence entre les différentes communes groupées depuis peu en canton. Des citoyens de Bercy et de Vincennes étaient venus augmenter, par des protestations, la division déjà grande.

On arriva enfin à élire les délégués ; ce furent :

MM. Daix, maître de poste à Alfort.
Gouaux, directeur de la poste aux lettres de Charenton.
Piot, boucher à Créteil.
Brisset, habitant de Maisons.
Roger père, d'Alfort.
Le Duc, de Créteil.
Beauvoir, maire de Bonneuil.

Notons, en passant, que Lecouteux était à cette époque maire de Charenton-Saint-Maurice ; Roger, de Maisons-Alfort; Piot, de Créteil et Beauvoir de Bonneuil.

Sur sept délégués, Maisons-Alfort en avait trois. Les électeurs de Créteil, qui avaient eu un moment l'idée de prouver que la vigueur de leurs bras était au moins égale à celle de leurs convictions, étaient représentés par deux.

CHAPITRE III

1791. — En vertu de la loi sur la constitution civile du clergé, et la fixation de son traitement, le curé et le vicaire furent invités à prêter serment à la Constitution, ce qu'ils refusèrent. Dans la crainte de la visite des *révolutionnaires* parisiens, on fit garder l'église et le presbytère par des gardes nationaux.

Quatre officiers municipaux démissionnèrent; on ne dit pas le motif de cette décision.

Le curé fut invité à se dessaisir des objets du culte et des papiers et registres en sa possession, considérés désormais comme appartenant à la commune; il en fut fait un inventaire qui mentionne quatre-vingt-dix-huit registres d'état civil et autres, commençant en 1695; ce n'était pas exact, car il en existe depuis 1599. Cet inventaire mentionne également les objets plus ou moins précieux servant aux cérémonies religieuses, ainsi que le mobilier, absolument élémentaire, du vicariat, qui appartenait à la commune.

Le tronc des pauvres installé à l'église fut ouvert et vidé; il contenait 21 livres 17 sols 7 deniers.

Le trésorier communal devint en même temps celui de la Fabrique, et le service de bienfaisance rentra dans les attributions de la municipalité.

Les revenus et dépenses de la Fabrique s'étaient élevés comme suit :

Vers 1610 :

Recettes; rentes, revenus de terres et fondations.........................	1 099l 12s 90d

En 1791 :

Recettes ; même nature que ci-dessus...	2 379l 17s
Dépenses diverses......................	1 897l 16
Laissant un reliquat de...	482l 1s

qui fut remis en avril 1793 au trésorier de la commune.

Si l'on établit une comparaison entre ces comptes et ceux de la commune, on remarque que les chiffres se rapprochent assez ; en effet, en 1788, les recettes communales s'étaient élevées, en chiffres ronds, à 2137 livres et les dépenses à 978 ; les recettes de la Fabrique étaient donc un peu supérieures à celles de la commune, et ce, sans y comprendre celles spéciales du culte.

Par suite d'élections nouvelles, M. Bernard, aubergiste à Alfort, remplaça M. Roger à la mairie, et l'ancien trésorier remit au nouveau le reliquat des fonds communaux, qui se décomposait ainsi :

En quatre sacs..............................	2 196l 7s
En assignats................................	600l »
Ensemble..............	2 796l 7s

Le tout fut enfermé sous triple clef dans le coffre communal.

La commune est désormais désignée sous le nom de Maisons-Alfort. Cette modification résulte sans doute des deux nominations successives de maires habitant Alfort, et y ayant établi, à leur domicile, le greffe municipal.

Les terres des différents seigneurs et de la cure furent inventoriées par un expert de l'Assemblée nationale, ainsi que les récoltes sur pied et en granges. Il fut fait une vente des fourrages de la ferme de Maisonville, qui donne une indication sur l'importance de cette ferme et sur le prix des produits de l'agriculture à cette époque.

Ainsi : 10 000 bottes de foin de pré sont vendues 22 livres 6 sols le cent; 1500 bottes, 21 livres; 600 bottes, 24 livres; et la luzerne, sans indication de quantité, 22 livres le cent.

1792. — Dans une évaluation de la valeur, en revenus, des terres de la commune, en vue de leur classement pour l'établissement du cadastre, celles de la plaine, portées en première classe, sont cotées à 30 livres l'arpent.

La fonction de percepteur communal s'obtenait périodiquement à l'adjudication, mais il n'y avait jamais d'autre candidat que l'employé sortant; cela s'explique par la pénurie de gens possédant une instruction suffisante.

Le gouvernement ayant demandé les cloches de l'église, il lui fut répondu « qu'on les donnerait bien, mais qu'on en a trop besoin pour avertir les habitants de trois hameaux éloignés. »

Le maire, la municipalité, les directeurs, professeurs et élèves de l'École, le curé, le vicaire (nouveaux nommés), l'instituteur et l'institutrice durent prêter serment « à la Nation, de maintenir la Liberté et l'Égalité ou de mourir en les défendant ».

Il n'était pas encore question de Fraternité.

On démolit les grilles du cimetière « pour en faire des piques qui seront forgées à l'École vétérinaire »; la commune doit, en outre, fournir quarante-cinq fusils, bien que ne disposant que de quarante-trois.

On mit des barreaux aux fenêtres du presbytère pour assurer la sécurité du curé.

Les cultivateurs s'étaient engagés à vendre aux ouvriers, pour leurs besoins, du seigle, à raison de dix livres le septier, et du froment à vingt livres, « à condition qu'ils ne puissent en revendre ».

La délibération qu'on va lire, copiée textuellement, montre le patriotisme qui animait les citoyens de Maisons-Alfort :

« Ce jourd'hui, 8 septembre 1792, l'an quatrième de la Liberté et le premier de l'Égalité, nous, Maire, Officiers municipaux, Notables, et Procureur de la commune, autorisons le sieur Gouffé, trésorier de cette commune, à disposer de la somme de 754 livres 2 sols pour faire avec la quête faite dans l'étendue de cette commune, et servir à l'équipement et armement de quinze volontaires qui partent pour le service de la Patrie. Laquelle somme sera allouée audit sieur Gouffé, lorsqu'il rendra le compte de la commune.

« Ladite somme ayant été délibérée en assemblée générale des citoyens de cette commune, par laquelle il a été convenu qu'il serait fourni à chacun des volontaires la somme de 100 livres; et ladite somme fournie, et ayant fait la somme avec le montant de la quête, ainsi qu'il a été délibéré le 20 août dernier.

« En foi de quoi avons signé, et qu'il leur a été fourni aux quinze volontaires, chacun un fusil uniforme appartenant à la commune. »

Si l'on considère que, suivant le dénombrement de 1789, il n'y avait dans la commune que 120 hommes majeurs, mariés ou non, on reconnaîtra que ce fut un bel élan. Il est du reste probable que bon nombre des volontaires n'avaient pas vingt ans.

Le nommé Le Chanteur ayant émigré, on saisit les onze lits et les trente-neuf matelas garnissant sa maison, pour les envoyer à Paris contribuer à meubler une caserne.

La tenue des registres de l'état civil devait être retirée aux prêtres; un vote eut lieu en assemblée des citoyens pour décider qui les tiendrait désormais; par vingt-cinq voix sur vingt-sept votants, le curé fut de nouveau chargé de ce service.

1793. — Nouveau changement dans l'administration municipale; le citoyen Poret, de Maisons, devient maire.

Un député communal, le citoyen Petiteau, est nommé pour aller au Bourg l'Égalité, se joindre aux délégués des autres communes, et faire partie du *Comité révolutionnaire*. Des commissaires, les citoyens Preuilly, Remy et Palbras, sont également désignés pour se rendre au club des « ci-devant Jacobins, afin de délibérer sur les mesures de salut public, à prendre pour défendre la Liberté et l'Égalité fortement menacées ».

Le pain était taxé à treize sous les quatre livres; il en était donné, ainsi que des secours en argent, aux familles des volontaires sous les drapeaux.

Nous entrons, pour la commune, dans la période révolutionnaire aiguë.

On remarque sur un compte de dépenses : « Payé 60 livres pour enlèvement des fleurs de lys des vitraux de l'église, et pour même travail fait sur les cloches et en différents endroits, 180 livres. »

Il n'était plus fait de carreaux ni de fil aux ateliers de charité, mais on distribuait aux indigents des secours en espèces pour loyers ou aliments. Il y avait aussi de fréquentes dépenses pour des volontaires et l'équipement de la garde nationale.

La commune achetait du riz à raison de cinquante sous la livre, pour être vendu de préférence aux nourrices, aux malades, et aux convalescents, le considérant « comme un aliment sain et léger »; il n'en était délivré que deux livres par tête et par décade (1), au prix coûtant; la municipalité avait également dans ses attributions la fabrication et la fourniture de chandelles pour les habitants.

L'emploi d'assignats faisait grossir en apparence d'une façon considérable le budget communal; ainsi, lorsque, par suite d'un règlement nouveau, l'encaisse

(1) *Décade :* période de dix jours. Voir le calendrier républicain.

dut être versée au receveur installé à Charenton, elle s'élevait à 5 372 livres 5 sols, en assignats.

Les ornements, en métaux précieux, de l'église avaient été vendus, et le mobilier fut brisé par les révolutionnaires venus de Paris. Avec les débris des boiseries et des bancs, on fit des installations dans la salle commune, et des tablettes pour placer les bustes de Marat, de Lepelletier, de Bara et Viala; le reste fut brûlé. Triste fin, pour des meubles d'église, de servir à glorifier Marat et Lepelletier!

On installa la mairie et les écoles dans le « ci-devant presbytère » ; l'instituteur et l'institutrice s'y logèrent également.

Le service des travaux publics fut informé par les soins de la municipalité « qu'une arche du pont est bouchée, et qu'en cas de débâcle, vu le peu de solidité du pont, il pourrait survenir de graves événements ». Cette crainte n'était guère fondée, car soixante-dix ans plus tard, il était encore solide; il est vrai qu'en 1809 on l'avait réparé, en même temps que la route de Maisons.

L'anniversaire de la mort de Louis XVI fut fêté par des distributions de secours aux indigents; il fut également distribué, à cette occasion, du chauffage venant du bois de Vincennes.

L'assemblée communale s'était déclarée en permanence; les réunions avaient lieu presque tous les jours; elle recevait les réclamations et les plaintes des habitants, quels qu'en fussent les motifs, notamment celle d'une femme qui, battue par son mari, et pas contente, avait tenté de se noyer; le mari ayant promis de ne plus boire ni battre sa femme, le conseil parvint à réconcilier les deux époux, tout au moins pour ce jour-là.

Les délits, contraventions et procès-verbaux lui étaient soumis, et ce qui démontre qu'il n'admettait pas de critiques ni d'opposition, c'est le cas d'un nommé Lavieille, qui comparut, étant accusé d'avoir dit que la commune était *mangée*. Il nia, et s'excusa, expliquant qu'il avait voulu dire que l'argent pouvait être mieux employé qu'en installations pour la garde nationale. Il fut sévèrement admonesté et invité à être plus circonspect à l'avenir.

Sur avis officiel impératif, la tenue des registres de l'état civil dut être définitivement retirée au curé, qui reçut des félicitations pour la façon dont il s'était acquitté de son travail.

Le 26 messidor, on fêta l'*Être suprême* et le premier thermidor il fut fait une cérémonie en l'honneur de *Bara* et *Viala*.

Le maire avait été chargé d'aller à Paris chercher 1 200 livres de fromage de gruyère pour la nourriture des habitants ; tout ce qui pouvait servir à l'alimentation était réquisitionné et inventorié ; l'entrée, la sortie, la naissance ou la mort des bestiaux sont relatées sur le même registre que les délibérations, ce qui indique l'importance que l'on attribuait à ces faits.

Il résulte d'un recensement que la population de la commune s'élevait à cette époque à 600 habitants, plus 250 personnes à l'École vétérinaire.

Voici le procès-verbal d'une nomination du maire :

« Ce jourd'hui, quatrième jour des *sans-culottides* (1), l'an deux Républicain, cinq heures de relevée, au greffe de la municipalité de Maisons...

« Égalité, Liberté, Fraternité.

. . . .

« Étant nécessaire de pourvoir à la place de maire, vacante par la démission du citoyen Poret, actuellement occupé dans les charrois militaires, j'ai nommé pour le remplacer, le citoyen Roger, de la commune de Maisons-Alfort, membre du comité de surveillance, qui cessera ses fonctions, et ne peut refuser, à peine d'être traité de démissionnaire et suspect.

« Il sera appelé à ses fonctions par l'agent national du district.

« *Signé* :

« Toussaint, agent national ; Grumeau, greffier. »

Le maire prêta serment en ces termes :

« Je jure d'être fidèle à la Nation et à la Loi, de maintenir de tout mon pouvoir la Liberté et l'Égalité ; la Constitution présentée au peuple français et acceptée par lui ; la République une et indivisible et démocratique, le Gouvernement révolutionnaire provisoire. De remplir avec zèle et impartialité les fonctions de ma place, et de mourir s'il le faut à mon poste, pour l'exécution de la loi.

(1) *Sans-culottides* : fête républicaine. Voir calendrier républicain.

« Et accepté la place de maire, et signé avec vous. »

Suivent les signatures.

On ne badinait pas, et si d'un côté la crainte d'être considéré comme suspect obligeait à accepter la fonction imposée, la perspective d'avoir l'occasion de mourir à son poste devait singulièrement refroidir et éloigner les candidats. C'est pourquoi, sans doute, la commune fut administrée pendant quelque temps par un *agent municipal* habitant Charenton.

1794. — La famine se continuait, et était grande ; la livre de riz valait dix livres, et la farine vingt sous ; on craignait tellement le pillage des récoltes, que les voitures chargées étaient gardées par des hommes, qui touchaient pour cela un salaire fixé à dix livres par nuit.

Il ne restait que deux cloches à l'église ; les autres avaient été envoyées à Paris pour faire des canons ou de la monnaie ; l'église était devenue le *temple de la Raison* ou de l'*Être suprême* ; les réunions publiques y avaient lieu.

Le citoyen Martin, ancien prêtre de la paroisse, ayant demandé à exercer le culte catholique dans la commune, en se conformant aux lois, il lui fut donné acte de sa demande, mais on ne voit pas qu'il fût autorisé.

En raison de la rareté du numéraire, les contribuables pouvaient se libérer envers le fisc, en nature ; l'École d'Alfort était le lieu de dépôt des marchandises fournies par les habitants de « Varennes-Saint-Maur, Saint-Maur, Branche du pont de Saint-Maur, Champigny, Brie-sur-Marne, Bonneuil, Charenton-le-pont, Charenton-Républicain (1), Maisons et Créteil ».

Le prix du transport de ces diverses marchandises était fixé ainsi : « Un sac de blé, du bateau sur la Marne au magasin, 7 sols ; de la voiture au magasin, 5 sols ; pour le son, moitié de ces prix. »

La roue du *Moulin Neuf* ayant été brisée par les glaces, on donna au meunier une corde (2) de gros bois pour la réparer. Le maire fut récompensé des démarches qu'il avait faites pour obtenir ce bois ainsi que celui qui avait été distribué aux habitants, par deux cordes, et du charbon : ce qui semble avoir été considéré comme un don de grande valeur, le chauffage manquant, aussi bien que les aliments.

An IV. — Le nouveau calendrier républicain, qui n'était employé jusque-là qu'accidentellement dans les actes administratifs, le devint obligatoirement.

Le 15 brumaire, les électeurs furent convoqués pour désigner un maire et un adjoint ; personne ne vint voter. Quelque temps après cette tentative, et en conformité du décret de l'an III sur la constitution des communes, ce qui restait de la municipalité fut dissous, et le citoyen Brisset, nommé par l'*agent supérieur* du district pour administrer la commune, sous le nom d'*agent municipal* ; il relevait de l'*agent national* du canton.

(1) Charenton-Saint-Maurice.
(2) *Corde* : quantité équivalant à 4 stères environ.

On lui remit les titres et papiers, deux cachets, deux caisses, les clefs du corps de garde d'Alfort et de la chambre commune; le registre des actes administratifs fut clos et signé.

Comme on vient de le voir, la permanence de l'assemblée communale avait peu duré ; le maire, malgré son serment, avait quitté son poste, et le corps électoral, très fatigué sans doute d'un fonctionnement aussi fréquent, après une organisation si récente, ne se dérangeait plus; de sorte que c'était au moment où la liberté et les principes démocratiques étaient théoriquement à leur apogée, qu'en réalité le pouvoir central exerçait, au contraire, une autorité illimitée sur toutes les affaires de la nation.

CHAPITRE IV

Si l'on s'en rapporte aux indications fournies par les registres des décisions de l'administration municipale, il semble que le calme le plus grand a, dans la commune, succédé à la tourmente. Il n'y a plus de conseil, partant plus de discussions ni de contrôle, et le citoyen Brisset, *agent municipal* désigné d'office, qui était cultivateur à Maisons, profite de l'occasion pour faire ses petites affaires. Il se fait adjuger, par l'administration du district, les meilleures terres de la commune et de la Fabrique, dont il était locataire.

Il paie 6 arpents 1 670 francs, et d'autres à différents

prix, en apparence aussi avantageux. Un nommé Meigneux, de Créteil, achète également dans les mêmes conditions 7 arpents et demi pour 4 418 francs; c'était un peu plus cher, mais peut-être la terre était-elle meilleure.

Il n'était pas fait d'adjudication pour ces ventes; le prix était basé sur le chiffre de loyer payé; en raison des événements, ces locations ayant été consenties à un taux bas, l'affaire ne pouvait manquer d'être bonne.

Quoi qu'il en soit, ces opérations étaient régulières; elles n'étaient critiquables, en ce qui concerne l'un des acquéreurs, qu'à cause de sa fonction. Combien d'autres, à cette époque, arrondirent leur domaine sans bourse délier ! Il y aura toujours des pêcheurs en eau trouble.

Ainsi disparaissait, par l'arbitraire du pouvoir et le manque de délicatesse de diverses personnes, la meilleure partie de ces biens communaux qui avaient pendant des siècles suffi à assurer l'existence matérielle de la commune.

Cette mainmise de l'État sur les propriétés communales, commencée par la Convention, se continua sous l'Empire et ne s'arrêta que sous la Restauration.

An V. — Il fut fait un rapport très intéressant sur les chemins *vicinaux* de la commune; on y mentionne un plan qui paraît ne plus exister, mais on peut y suppléer en examinant le cadastre de 1813, qui doit en être la reproduction. Il a déjà été question de ce rapport à propos de la *carte des chasses*.

Nous avons donné les noms et tracés de la plupart de ces chemins ; voici quelques extraits du document qui les décrit :

« A L'ADMINISTRATION MUNICIPALE DU CANTON DE CHARENTON-LE-PONT (11 décembre 1797).

« L'an sixième de la République Française, le vingt-sept fructidor et jours suivants, hors ceux des décades et fêtes nationales, Nous, etc.

« Le territoire de la commune de Maisons-Alfort commence à la descente et sortie du pont de Charenton, et est traversé par deux routes, l'une en face du pont, qui va à Melun par Maisons, dont elle forme la grande et principale rue, l'autre, à gauche de celle ci-dessus, conduit à Troyes par Créteil en traversant Alfort, dont elle forme la grande rue.

« Le territoire est en outre coupé par vingt et un chemins vicinaux.

« Il y en a deux principaux qui traversent toute la longueur du territoire, et sur lesquels presque tous les autres prennent naissance, ou aboutissent, ou qu'ils traversent.

« L'un à droite de la route de Melun, en venant de Charenton, est connu sous le nom d'*ancien chemin de Villeneuve*.

« L'autre traversant la route de Troyes à la sortie d'Alfort, et passant derrière l'École vétérinaire, est appelé le *chemin Vert*.

« CHEMINS DE HALAGE.

« Il y a deux chemins de halage, ... l'un à droite conduisant à la Bosse de Marne, l'autre à gauche du côté de Charentonneau. . . . Ils ne sont pas seulement utiles à la marine, ils le sont surtout à cause du pâturage des bestiaux. . . . mais encore pour décharge des marchandises ; celui à gauche l'est en outre aux habitants d'Alfort pour l'usage de la rivière, et la communication du Moulin Neuf et de celui de Charentonneau.

« Ancien chemin de Villeneuve.

« Il prend naissance à droite de la route de Melun en venant de Charenton.

. . . .

« Il continue de la même manière jusqu'au pont Japhet ou Josset, ayant à la gauche, rangées sur le bordage, de grosses pierres qui faisaient vraisemblablement les accotements de son ancien pavé, et l'autre partie totalement rompue par les labours, ne laissant de vestiges que ce qui n'a pu être labouré, les restes de culées du pont indiquent que le chemin y avait huit doubles mètres, (48 pieds). . . . son utilité est largement démontrée.

« Chemin Vert.

« Ce chemin prend naissance sur le halage à gauche du pont de Charenton, vis-à-vis le Moulin Neuf où il a onze mètres (33 pieds) de largeur. . . . . Il a huit doubles mètres (48 pieds) à la naissance du chemin de Charentonneau, jusqu'à celui de l'Y. . . . La dénomination de ce chemin et la grande largeur qu'il a en général prouvent combien il est utile au pâturage; il l'est encore, pour la communication de Charenton et Alfort à Maisons, aux Mêches, Mesly, Créteil, Saint-Maur, etc., et au service du Moulin Neuf et de celui de Charentonneau.

. . . .

« Chemin de Charentonneau.

« Il commence sur et à gauche du « chemin Vert », au-dessus de celui de la « Petite rue », et traversant la route de Troyes, il aboutit aux ferme et moulin de Charentonneau. . . . Il est utile au pâturage, mais surtout aux communications des ferme, château et moulin de Charentonneau, et à l'exploitation des terres. »

. . . .

Le rapporteur constate que les chemins avaient primitivement, pour la plupart, une largeur bien supérieure à celle subsistant; qu'ils ont été rétrécis, et, dans certaines parties, supprimés par les labours des riverains; il observe que « l'art. 20 de la loi du 28 septembre 1791, section 4, veut que les administrations protègent par tous les moyens qui sont en leur pouvoir la multiplication de tous les troupeaux et de tous les bestiaux de races étrangères, utiles à l'amélioration des espèces de la République.

. . . .

« L'administration maintiendra des chemins qui peuvent fournir au pâturage des bestiaux, dans les largeurs qu'ils avaient anciennement, et qui n'ont été diminués que par des usurpations. »

An VIII. — Le 19 thermidor, conformément à la loi de pluviôse, Roger, fils aîné, est installé comme maire, et nommé, ainsi que l'adjoint, par le Préfet.

Le conseil était composé de dix membres: MM. Brisset, cultivateur ; Daix, maître de poste; Chabert, directeur de l'École vétérinaire; Milcent, entrepreneur; Gouffé, boulanger; Courtaigne, aubergiste ; Viet, cultivateur; Lacour, meunier ; Millet, jardinier-botaniste à l'École; Roger père, propriétaire.

Durant la période qui venait de s'écouler, conformément aux décrets des ans III et IV, les communes avaient été groupées en canton, et administrées chacune par un « agent municipal » et un adjoint, placés sous l'autorité de l'agent national dudit canton qui seul possédait un conseil.

Ces agents avaient été, pour Maisons : Brisset, Roger, Petiteau, Lajoie, et, par intérim, François dit Alexandre, ce dernier habitant Charenton.

A défaut de mairie, le nouveau conseil fit ses réunions en la demeure du maire, à Alfort.

Au cours de la session, on constate que les comptes n'ont été ni examinés ni approuvés depuis plusieurs années; que les chemins ont été envahis, les clôtures du cimetière démolies, les arbres abattus, tant dans le cimetière que dans la plaine, et que l'instruction n'est plus donnée régulièrement aux enfants.

Le maire attire également l'attention du conseil sur ce fait que, avant 1790, la commune possédait diverses pièces de terre, qui, comme nous l'avons dit plus haut, avaient été vendues « malgré que la commune n'avait ni dettes, ni besoin d'argent, ainsi que le presbytère, dans lequel il y avait une salle pour les assemblées communales, et où les écoles étaient installées ».

Avaient été également vendues, les terres de la Fabrique, d'une contenance de 96 arpents 94 perches.

Un nommé Lecouteux s'était aussi emparé, entre autres, d'un pré au bord de la Seine, ce qui barrait l'accès de l'abreuvoir.

On revisa les comptes ; on décida que les clôtures du cimetière seraient reconstruites et qu'il serait fait des plantations d'arbres sur la place de l'église et au bord des fossés de la plaine, « pour assainir l'air »; que les chemins seraient rétablis, et que l'on demanderait « la restitution des terres et du presbytère aliénés sans motifs, et des prés envahis sans droits ».

On décida également la nomination d'un instituteur chargé de deux classes, filles et garçons, et du secrétariat de la mairie, au traitement de six cents francs, indemnité de logement comprise. Moyennant ce traitement, il devait instruire gratuitement les enfants indigents, et leur fournir les livres et cahiers nécessaires.

C'était en résumé la reconstitution de la commune. Les événements politiques et la défense du territoire envahi avaient pendant quelque temps tellement absorbé l'attention de tous, que les affaires d'administration communale proprement dites avaient été absolument négligées ; c'est pendant cette période, ainsi qu'on en a vu des exemples, que se sont édifiées ou augmentées bien des fortunes foncières, par l'usurpation ou l'acquisition à bas prix, de propriétés dont les légitimes possesseurs étaient disparus.

An IX. — L'instruction publique paraît surtout avoir attiré la sollicitude de la municipalité; voici la copie d'un arrêté pris spécialement à son sujet; sauf par sa forme un peu surannée, il ne déparerait pas un registre de délibérations de notre époque :

« INSTRUCTION PUBLIQUE.

« Les Maire et Adjoint de la commune de Maisons-Alfort; considérant que la surveillance des écoles primaires fait une partie essentielle et nécessaire de leurs fonctions ;

« Que ces écoles sont plus fréquentées qu'elles ne l'ont été jusqu'à présent;

« Que lors des différentes visites qu'ils y ont faites, ils ont remarqué avec une vive satisfaction, et le zèle et le progrès de plusieurs élèves, qu'un témoignage public de cette satisfaction ne peut qu'encourager les maîtres, et exciter l'émulation des élèves;

« ARRÊTENT CE QUI SUIT :

« ARTICLE PREMIER.

« Les premier, deuxième, quatrième et cinquième jours complémentaires, il sera ouvert dans le temple de la commune de Maisons-Alfort, depuis dix heures du matin jusqu'à midi, un concours public. Ce concours aura lieu en présence des Maire, Adjoint, et membres du Conseil municipal, qui jugeront du progrès de chacun des élèves, et tiendront des notes en conséquence.

« Art. 2.

« Les instituteur et institutrice de cette commune seront invités à présenter leurs élèves à ce concours. Les pères et mères qui se livreraient eux-mêmes à l'instruction de leurs enfants pourraient également les y présenter.

« Art. 3.

« Il sera distribué des prix ; savoir : un à chacun des deux élèves qui auront été jugés les plus instruits dans la lecture, l'écriture, et les calculs élémentaires. Ces prix consisteront en livres d'instruction.

« Il sera distribué aussi un prix de sagesse à l'élève qui se sera le plus distingué par son assiduité au travail, et aux instructions, et par son respect et sa soumission envers ses père et mère.

« Il sera aussi distribué des certificats honorables aux élèves qui, après ceux qui auront obtenu les prix, auront témoigné le plus de zèle et d'application.

« Art. 4 et dernier.

« La distribution des prix se fera dans le temple de la commune, avec toute la solennité possible, par les Maire, Adjoint, et membres du Conseil municipal, le cinq vendémiaire prochain à onze heures du matin; il sera dressé acte de cette distribution, lequel contiendra les noms des élèves qui auront obtenu des prix et des certificats, ainsi que les noms des maîtres auxquels ils devront leurs progrès; copie de cet acte sera adressée au Sous-Préfet de l'arrondissement communal de Sceaux.

« Le présent sera publié dans la commune, et pareillement adressé au Sous-Préfet, pour être revêtu de son approbation.

« Fait à la Mairie, le 15 fructidor an IX.

« FERTELLE, « *Adjoint.*

ROGER fils aîné. *Maire.* »

Quelque temps après, avait lieu solennellement dans le temple, dans l'ordre indiqué, le concours et la distribution des récompenses aux élèves méritants. Nous croyons devoir indiquer les noms de ces premiers lauréats ; ce sont : Rémy Palbras et Henri Bruneau *ex æquo*, et Pierre Ivert. Il ne fut pas accordé de prix de sagesse, ce qui prouve que de tout temps la jeunesse de Maisons, ou d'ailleurs, fut turbulente.

On félicita publiquement une dame *Feuillet*, « comme ayant, dans les temps les plus désastreux, continué à instruire les enfants de la commune; elle reçoit l'expression publique de la reconnaissance de tous ».

Nous connûmes plus tard une autre dame Feuillet, qui, elle aussi, sut mériter l'estime et la reconnaissance de tous, en exerçant pendant près de cinquante ans la profession de sage-femme, et, bien souvent, sans réclamer d'honoraires. Elle obtint tardivement un prix Monthyon, qui ne pouvait être mieux placé.

Elle repose dans le cimetière de Maisons, dans un terrain mis gratuitement à la disposition de la famille par le Conseil municipal.

L'impôt des patentes avait été institué; nous trouvons un cabaretier payant 25 livres, un entrepreneur 26, un menuisier 20, et un regrattier 4.

De l'an IV à l'an IX, le registre des actes administratifs, qui remplaçait celui des délibérations, était fort irrégulièrement tenu, avec de nombreux blancs. On y trouve surtout la copie de demandes de permis de chasse, de passeports, de cartes de sûreté, et de déclarations de séjour ; beaucoup de ces dernières s'appliquent à des mariniers, ce qui démontre que la marine était très active sur la Marne.

On ne pouvait aller de Paris à Maisons sans un passeport; le directeur de l'École vétérinaire lui-même, — qui avait été arrêté un moment, — n'était pas exempt de cette formalité. Il fallait une carte de sûreté pour éviter d'être considéré comme suspect, et, pour résider en un point du territoire autre que celui d'origine, un permis de séjour, qui était exigé même des personnes ayant un passeport, obligées de s'arrêter temporairement en route.

Il y avait à l'École vétérinaire des *élèves bergers*, et des *élèves en agriculture*, soumis à la même règle.

Le culte avait été rétabli ; on payait au desservant 450 livres pour traitement et indemnité de logement. L'orgue de l'église avait été fortement endommagé; lorsqu'on voulut s'en servir de nouveau, la réparation coûta 630 livres.

Pour la première fois, il avait été fait, l'année précédente, un budget de prévisions, fort simple, comme on va le voir, calculé en francs et centimes :

RECETTES.

Location des terres communales, à Courtaigne.	325fr
— — à Brisset....	450
Rôle foncier..............................	972
— mobilier............................	208
Total des recettes.........	1955fr

DÉPENSES.

1° Entretien de l'horloge..................	60fr
2° Afficheurs............................	50
3° Abonnement au *Bulletin des lois*..........	6
4° Achat du cachet de la mairie............	18
5° Entretien du temple....................	150
6° — des chemins vicinaux...........	200
7° Frais de mairie........................	300

BUDGET SUPPLÉMENTAIRE.

Pour réparation du cimetière...............	600
Registres de l'état civil.................	12
Pour confection du compte.................	25fr 48
Total..................	1421fr 48
Plus, impositions pour les biens communaux.	251
Ensemble.............	1672fr 48

COMPTE DE GESTION.

Les recettes ont produit :

Impositions..............................	944fr
Location des biens communaux.............	775
Total..................	1719fr
Les dépenses se sont élevées à............	1662
Il reste un excédent de..................	57fr

En comparant ces comptes aux derniers qui ont été reproduits, on remarque que les recettes se sont modifiées par la diminution du montant des locations de terres communales, résultant de la vente d'une partie de ces terres. On voit apparaître le produit des impôts foncier et mobilier, qui ont remplacé ceux existant avant 89, et sur lesquels les communes ont commencé à appliquer des centimes additionnels.

Comme nouvelles dépenses, on trouve le *Bulletin des lois* et l'acquisition d'un cachet d'un prix élevé, qui, entre parenthèses, devait s'user rapidement, ou changer de forme, car on voit cette dépense se renouveler assez fréquemment. Les frais de mairie sont également nouveaux, ainsi que l'achat de registres de l'état civil, et aussi un crédit pour entretien des chemins. On s'explique la modicité de ce dernier crédit, malgré le grand développement des voies de communication, par ce fait que, comme nous l'avons vu plus haut, elles servaient surtout au pâturage des bestiaux : l'herbe qu'on y pourchasse aujourd'hui en était le plus utile et le plus bel ornement.

Quoi qu'il en soit, ce budget n'est guère plus important, en tenant compte de la modification dans la valeur de l'argent, que ceux des environs de 1700. Il est vrai de dire que la population elle-même n'avait guère varié et que les services communaux étaient restés presque aussi rudimentaires.

A titre de curiosité, et en raison de la célébrité des personnages qui l'ont signé, nous donnons copie d'un acte de mariage fait à Maisons en l'an IX.

« Du septième jour du mois de floréal an neuvième de la République française, huit heures du matin, acte de mariage de Henri-François-Marie Charpentier, âgé de trente-trois ans, né à Soissons, département de l'Aisne, le 23 janvier 1769, profession de général de brigade, demeurant à Vailly, département de l'Aisne.

« Fils majeur de. . . . .

« Et de Marie-Constance-Euphrosine Dubayet, âgée de seize ans, née à Grenoble, département de l'Isère, le 4 du mois de janvier 1787, demeurant à Maisons-Alfort, département de la Seine, fille mineure de. . . . .

« En présence de François-Joseph Lefèvre, demeurant à Paris, profession de général et sénateur, âgé de quarante-huit ans, ami de l'époux ; de Jean-Charles-François Pioche, demeurant à Versailles, profession d'ingénieur des ponts et chaussées, âgé de cinquante-quatre ans, ami de l'époux ; de Jean de Dieu Soult, demeurant à Paris, profession de général commandant la garde des Consuls, âgé de trente-quatre ans, ami de l'époux ; de Pierre Dupont, demeurant à Mézières, profession de général, commandant la deuxième division militaire, âgé de trente-huit ans, ami de l'époux ; de Jean-François-Carra de Saint-Cyr, domicilié en cette commune, général de brigade, âgé de quarante-trois ans, beau-père de l'épouse ; de Jeanne-Armand-Esprit-Félix Pouchot de Jolière, épouse dudit général et mère de l'épouse. . . . .

« Et ont signé :

« Aubert-Dubayet, Cara-Deveaux, Pouchot, Cara-

Saint-Cyr, B. Bonaparte, Beauharnais, Pioche, Dupont, Lefèvre, Junot, Charpentier, Agar, Soult, Brochier, Recourt, Menant, Hérard, Castera, Philippe Lenoble, Guéroux.

« Porcher, *secrétaire*. Roger, *maire*. »

Malgré l'heure matinale, tout Maisons dut être sur pied pour voir ces illustres soldats, revêtus sans doute, pour la circonstance, de leurs plus brillants uniformes.

CHAPITRE V

An X. — Voici la reproduction d'un projet de dépenses pour l'an X, présenté par le maire à son conseil, sous une autre forme que les précédents :

Charges locales de l'an X.

Le maire soumet au conseil l'état des dépenses comme charges locales, pour l'an X, ainsi qu'il suit :

Pour garde nationale	173fr
Remontage de l'horloge et affiches	72
Chemins vicinaux	200
Registres de l'état civil	12
Tables décennales	6
Entretien des couvertures de l'horloge, du corps de garde et du lieu d'assemblée	125
Bulletin des lois	6
Frais de mairie	300
Prix d'émulation	25
Loyers des instituteur et institutrice	200
Entretien de l'horloge	36
Total	1155fr

Report		1155fr
Pour établir des marques, tant à l'échelle du pont de Charenton qui est sur cette commune, qu'à divers autres endroits de la commune où l'eau a monté cette année, pour servir de niveau	60fr	660
Réparations au cimetière	600	
Total général		1815fr

Le conseil accepte ce compte.

Pendant la session où ce budget fut voté, le maire exposa la situation de la commune, manifestant de nouveau le regret que des biens communaux eussent été aliénés sans utilité, et proposa d'en revendiquer la propriété ; il ne semble pas qu'il eût été donné suite à cette idée.

L'état des charges locales, reproduit ci-dessus, avait pour utilité d'éclairer le conseil sur les dépenses annuelles à prévoir, et, par suite, sur l'importance des sommes à affecter aux améliorations projetées. Le conseil, en l'approuvant, apprit avec satisfaction qu'il y avait en caisse un reliquat net de 2769 fr. 33.

Le vœu fut émis qu'on construisît un pont à Choisy, où il n'y avait qu'un bac. On nomma un garde champêtre, qui devait toucher 600 francs par an, payés par les propriétaires de terres, au prorata des surfaces leur appartenant ; enfin on examina et approuva les comptes de quatre exercices, pendant lesquels cette formalité n'avait pu être remplie, soit des ans V à IX.

TABLEAU DE RECENSEMENT DES CONSCRITS DE DEUX ANNÉES TIRANT ENSEMBLE :

« Désignation des conscrits de l'an IX et de l'an X. »

RÉSULTAT AN XI.

Ont été appelés, 54 conscrits.................... 54

Supplémentaires.	Absents....................	14	21	Nombre égal. 54
	Provisoire, devant justifier qu'il a satisfait à la loi.....	1		
	Infirme....................	1		
	A défaut de taille...........	5		
Exceptés..	Élèves militaires............	3	7	
	Ayant satisfait dans d'autres communes................	4		
Désignés..	Pour l'armée active.........	8	17	
	Pour la réserve.............	9		
	Non désignés.................		9	

AN X.

Supplémentaires.	Absents....................	9	18	48
	Infirmes...................	2		
	A défaut de taille..........	7		
Exceptés..	Élèves militaires............	3	6	
	Ayant satisfait dans d'autres communes...............	3		
Désignés..	Pour l'armée active.........	8	16	
	Pour la réserve.............	8		
	Non désignés.................		8	

Pour l'an IX, sur dix-sept conscrits appelés à faire partie de l'armée, treize étaient élèves à l'École d'Alfort, et l'an X, sur seize, douze étaient dans le même cas.

Le maire était vraiment un magistrat heureux auquel tous les déplacements étaient évités; non seulement il avait chez lui « le greffe de la municipalité », mais le tirage au sort s'y faisait également.

Nous avons assisté en quelque sorte au départ des volontaires en 1792 ; ils ne revinrent pas tous, mais parmi ceux qui revirent leur commune natale, quatre étaient, en l'an X, pensionnés à raison de leurs blessures ; c'étaient :

Pierre Butry, ex-dragon ; Noël Picard, fusilier ; Jacques Roger, hussard ; Antoine Picard, tambour, qui touchaient respectivement, comme pension annuelle, 49, 50, 52 et 89 francs. A défaut de grades, ceux-là avaient récolté un peu de gloire, une infirmité et une maigre rente.

Les habitants protestaient au sujet d'une barrière qui était toujours établie au bout du pont, « et où on leur fait payer un droit de passe pour rentrer chez eux tout comme s'ils allaient à Boissy où à Villeneuve ». Ce droit était exigé pour chaque attelage ; on ne voit pas s'ils en obtinrent l'exemption.

Ils se plaignaient également que le contingent communal foncier et mobilier exigé par l'État fût trop élevé, faisant remarquer « que depuis l'an VII les employés de l'École payent la contribution mobilière directement à l'État, qui la retient sur leur traitement, sans que le contingent communal ait été diminué d'autant ».

On demandait « une meilleure répartition et une revision dudit contingent, les habitants faisant la comparaison avec les communes voisines, et quittant Maisons-Alfort parce qu'on y est trop imposé ». C'est un refrain connu depuis longtemps, comme on le voit, et qui malheureusement ne paraît pas devoir être oublié de sitôt.

L'argent des impôts a été de tout temps le plus regretté par ceux qui le versent ; avant 89, on se plaignait de la taille, de la corvée, des capitations, des aydes et gabelles, ainsi que de la dîme ; après, des impôts foncier, mobilier et des patentes, c'est-à-dire, comme maintenant, de tous ceux existants. Il n'y a jamais eu qu'un impôt considéré par les plaignants comme légitime, c'est celui auquel ils échappent et qui ne frappe que les autres.

An XI. — Le gouvernement, voulant rétablir régulièrement le culte catholique, avait demandé des renseignements sur l'état de l'église, du presbytère et du cimetière ; il résulte de ceux fournis « que l'église, en tant que gros œuvre, était en bon état ; qu'il n'y avait plus de presbytère ; que le cimetière de 190 toises superficielles suffisait aux besoins du moment et était clos. L'église recevait habituellement environ de trois à quatre cents personnes ; il n'y avait dans la commune que des catholiques ».

Sur avis de l'autorité supérieure, on défendit de sonner les cloches sans autorisation ; et il fut prescrit « d'interdire toute mission de « prêtres ambu- « lants », qui répandent le fanatisme dans les villages, en se plaignant de persécutions ».

Il y eut une inondation suivie de fortes gelées ; l'eau couvrait le carrefour d'Alfort, et, à la pointe de l'École, il y en avait un pied de hauteur. Il y eut aussi tellement de givre que les branches des arbres en cassaient sous le poids.

En revanche, l'été fut très sec ; entre le 3 janvier 1802, et le 10 août, même année, l'étiage, au pont, différa de 24 pieds 6 pouces.

An XII. — On commence à songer à la propreté, jusque-là fort négligée ; le maire, après avis du conseil, décide que désormais, à l'appel d'une sonnette, les rues devront être balayées par les riverains.

An XIII. — Par suite d'instructions de l'administration préfectorale, les comptes et budgets seront à l'avenir établis en double, pour qu'une expédition soit fournie à la sous-préfecture, à fin d'examen et d'approbation ; il est fait un rappel sur ceux des quatre années précédentes. Un percepteur et son fondé de pouvoir sont installés à Charenton.

1806 à 1811. — Pendant cette période, et, en général, toute celle de l'Empire, la commune semble se désintéresser complètement des guerres qui ensanglantent l'Europe et de la gloire qui en résulte pour nos armées ; à aucun moment, il n'est non plus question de la personne de l'empereur, ni d'un fait politique quelconque.

Il semble que la commune possédait un terrain près du Moulin Neuf, car il fut planté là des arbres pour faire une promenade ; peut-être s'agit-il des *Sept arbres* ? On voit aussi qu'il y avait une pompe à incendie à l'École d'Alfort, dont les seaux, en cuir, coûtaient 4 francs pièce ; c'était cher, mais pas commode.

En 1811, le budget commence à grossir ; il s'élève en recettes à 3 266 fr. 45 et en dépenses à 2 491 fr. 41.

1812. — Le contingent, pour l'État et les centimes communaux, était établi ainsi à cette époque :

Impôt foncier	13343fr,39
— des portes et fenêtres	1714 85
— personnel-mobilier	4603 62
— des patentes	3159 80
Total	22821fr,66

1813. — M. Dodun, marquis de Kéroman, ancien officier, habitant le Château-Gaillard à Alfort, fut nommé maire en 1813 ; il garda ces fonctions pendant quarante-trois ans.

1814. — Nous avons dit que les événements de l'Empire n'avaient pas laissé de traces dans les archives communales ; mais on ne saurait passer sous silence la conduite héroïque des élèves de l'École vétérinaire, qui, le 3 mars 1814, soutenus par quelques troupes régulières et des canons, défendirent vaillamment le passage du pont de Charenton contre les Alliés ; ils avaient barricadé la route et crénelé les murs de l'École ; cette défense fut malheureusement inutile, et le pont pris quand même. L'un d'eux trouva la mort dans ce combat ; il se nommait Jean Pigeon ; un modeste monument lui a été élevé dans le parc de l'établissement et une rue de Charenton porte son nom.

1815. — Au moment du passage et de l'occupation des troupes étrangères, il fut fait des réquisitions, notamment pour transports ; le montant s'en éleva à 7 273 fr. 04. Une partie de la dépense put être prise sur les fonds communaux; il fut décidé que le reste serait payé par un impôt spécial, réparti au marc le franc sur les habitants, avec exemption pour les cotes au-dessous de vingt francs. Nous nous trompions en avançant que l'Empire n'avait pas laissé aux archives de Maisons de trace de son existence; le paiement de ces réquisitions en est une suffisamment caractéristique.

Avant de terminer cette partie, nous reproduisons quelques documents qui nous ont paru intéressants :

Procès-verbal d'une fête républicaine.

« Ce jourd'hui 16 messidor, an second de la République française une et indivisible, étant réunis en assemblée générale de la commune de Maisons-Alfort, dans le temple de l'Être suprême, après avoir été annoncé dans toute l'étendue de la commune au son de caisse pour célébrer la commémoration du 14 juillet 1789, jour de notre liberté, avons fait plusieurs lectures relativement à la fête, et chanté des hymnes patriotiques, et avons levé la séance, après avoir donné l'accollade fraternelle; à une heure. Et signé : Gillet, Palbras, Delavault, Grumeau. »

Dispense d'aller glaner.

« Ce jourd'hui 7 thermidor, l'an second de la République française une et indivisible, s'est présenté le citoyen Poupé, qui nous a déclaré qu'il était impossible à son épouse d'aller glaner, à cause de l'état de grossesse où elle est dans ce moment-ci, que ce genre d'occupation pourrait amener un événement malheureux pour elle, attendu que l'année dernière elle a fait des fausses couches, mais elle ne travaille pas moins pour la Patrie, puisqu'elle est occupée à faire de la charpie pour ses défenseurs ; mais le citoyen Poupé déclare qu'il a déjà été, et qu'il ira encore dans la plaine se rendre à l'invitation de la municipalité.

« Et a signé : G^me^ Poupé. »

PROCÈS-VERBAL D'UNE SÉANCE.

« Après la cérémonie faite des citoyens *Bara et Viala*, ce jourd'hui 10 thermidor, à deux heures après midi, ayant reçu plusieurs lettres du directeur du district de l'Égalité, et une contenant des décrets... nous nous sommes constitués en permanence, et mis la garde nationale en activité.

« Copie de ladite lettre :

« District du Bourg de l'Égalité, département de Paris, extrait du procès-verbal de la Convention nationale du 9 thermidor.

« La Convention nationale a mis hors la loi Henriot, le maire de Paris, et tous les membres du conseil général de la commune, qui se sont déclarés en rébellion, et qui ont reçu dans leur sein les individus décrétés d'arrestation dans les séances de ce jour... La Convention nationale, après avoir entendu les comités de sûreté générale, et de salut public, décrète que Robespierre l'aîné, et tous ceux qui se sont soustraits au décret d'arrestation rendu contre eux, sont mis hors de la loi... La Convention nationale décrète que le nommé Henriot, ci-devant commandant de la garde nationale, est mis hors de la loi. »

Autre lettre de l'agent national du district.

« Le 10 thermidor, « 4 heures du matin », les administrateurs et l'agent national,

« Au conseil général des communes.

« Nous nous empressons de vous transmettre cinq décrets d'hier, vous les proclamerez sur-le-champ, et solennellement dans toute l'étendue de votre commune.

« Réunissez-vous à votre poste, restez-y en permanence ; que la garde nationale soit sous les armes ; zèle et célérité dans l'exécution nationale, voilà notre devoir à tous ; que tous ceux qui passeront par votre commune vous justifient de leur passeport, et carte de sûreté.

« Vive la Convention ! Vive la République ! »

Autre fête républicaine.

« Ce jourd'hui deux pluviôse de l'an III de la République une et indivisible, dix heures du matin, nous Maire, Officiers municipaux, et membres du Conseil général de la commune, réunis au lieu ordinaire de nos séances, pour y célébrer d'après le décret de la Convention nationale du 19 nivôse, l'anniversaire de la juste punition du dernier roi des Français, nous avons fait publier au bruit de la caisse, dans l'étendue de la commune, le décadi trente nivôse, que ce jourd'hui à une heure on se réunirait. On était avec grand nombre de citoyens et citoyennes composant la commune, un membre a donné lecture du décret, et du procès-verbal de la Convention, du 19 nivôse ; on a aussi donné lecture du troisième rapport fait par Grégoire, sur le Vandalisme, envoyé aux autorités constituées, et terminé l'assemblée par des chants patriotiques et des cris de Vive la République ! »

Fragment d'une délibération.

« ... Et le Conseil a arrêté que sur la part qui lui a été accordée à prendre dans le bois de Vincennes, il en sera accordé « aux artistes » vétérinaires tant bourgeois que militaires la quantité de neuf cordes de « bois de charbon », et avec invitation qui leur sera faite, que dans le cas où l'École serait transférée à Versailles... qu'ils remettraient à la disposition de la municipalité ce qu'il leur en resterait. »

Une assemblée électorale.

« Ce jourd'hui, neuf heures du matin, an V de la République.

« Nous Maire, Officiers municipaux, Procureur de la commune et Notables, composant le Conseil général, d'après la convocation de la municipalité du chef-lieu, et les annonces faites dans cette commune le dix présent mois, portant que ce jour, lieu et heure, il serait procédé à une assemblée générale des habitants pour la nomination d'un agent municipal et un adjoint pour former le corps municipal du canton, et nous étant rendus dans le temple, et y avons fait sonner les cloches, pour prévenir de nouveau de la tenue de ladite assemblée, et après avoir attendu jusqu'à midi, voyant qu'il ne se présentait personne pour voter, nous avons remis l'assemblée à cinq heures du soir audit lieu, laquelle sera de nouveau annoncée au son de la cloche.

« Et avons signé. »

SÉANCE *in extremis.*

« Ce jourd'hui trois pluviôse de l'an IV de la République une et indivisible, nous, ex-Maire, ex-Officiers municipaux, ex-Procureur, ex-Notables, composant le ci-devant conseil général de la commune, réunis en assemblée extraordinaire à six heures du soir, en la chambre de commune, à l'effet de faire la clôture du registre de nos délibérations, avons déclaré d'après la nomination à nous notifiée en assemblée du canton le premier du présent mois, du citoyen Brisset pour agent municipal de la commune de Maisons-Alfort, charge qu'il a déjà accepté et déjà rempli les fonctions; en conséquence, la municipalité est dissoute et nos fonctions cessent, et chargeons le citoyen Grumeau, ex-secrétaire de la municipalité, de lui faire la remise des titres et papiers dépendant de ladite municipalité, les deux cachets, les deux caisses, les clefs du corps de garde d'Alfort, et celle de la chambre commune, de tout quoi il prendra décharge.

« Et ont signé ».

Carte de sureté (an IX).

« Philibert Chabert, directeur de l'École vétérinaire, né à Lyon, département du Rhône.

« Signé : Chabert. »

Déclaration de séjour (an XI).

« Jacques Pierre Chaumontel (1), né à Caen, département du Calvados, âgé de quarante-six ans, m'a justifié d'un laisser-passer de la préfecture de police ainsi conçu : (n° 300), Paris, le 26 brumaire an XI, laissez passer et circuler librement de Paris à Alfort, département de la Seine, le citoyen Jacques-Pierre Chaumontel, natif de Caen, département du Calvados, âgé de quarante-six ans, placé récemment sous ma surveillance pour prévention d'émigration, et affranchi par décision du ministre de la police en date du 16 fructidor, et comme amnistié le 4 messidor précédent, reçu à son arrivée dans la commune devant l'autorité locale, pour y faire déclaration de domicile, et se faire inscrire au tableau de la population pour l'exercice de ses droits civils ; le présent valable pour cinq jours.

«Pour le conseiller d'État-Préfet

« Signé : Léger. »

« Signé : J.-P. de Chaumontel. »

(1) M. de Chaumontel était professeur à l'École d'Alfort.

Visa de passeport.

« Pierre Lafforest, né à Moustier, canton de Sauvelat, département du Lot-et-Garonne, âgé de vingt-six ans, lequel a déclaré être dans l'intention de suivre les cours à l'École vétérinaire, et est logé chez le citoyen Roger Godart, m'a justifié d'un passeport délivré à Castel-Moron, arrondissement de Marmande, département du Lot-et-Garonne, et a signé.

« Lafforest. »

Publication de mariage.

« Entre René Louis Victor Mans Latour du Pin, fils de Jean René Latour du Pin, et de Louise Charlotte Béthune Pologne, son épouse, et Honorine Camille Athénaïs Grimaldi Monaco, fille de Gérôme Joseph Marie Honoré Grimaldi Monaco, et de Françoise Thérèse de Choiseul Stainville (1). »

Passeport délivré.

« (N° 48). René Victor Louis Latour du Pin, né à Paris, âgé de vingt-quatre ans, élève diplomatique attaché à la légation française en Russie, pour aller avec Honorine Athénaïs Camille Grimaldi Monaco, son épouse dans les départements du Calvados et de la Manche, m'a justifié d'un passeport délivré par le général de division, ministre plénipotentiaire

(1) La mariée était domiciliée à Alfort.

en Russie, le 28 fructidor an X (n° 74). Témoins : François Godin et Jean Crétin, tous deux domiciliés en cette commune.

« Et ont signé : . . . .

Marmontel, dans ses mémoires, dit avoir habité Maisons, chez une dame Gaulard ; il y reçut le comte de Creutz, mécène suédois. Il y reçut également Grétry, avec lequel il travailla à divers ouvrages et notamment *le Héron* et *Lucile*, que ce dernier mit en musique.

L'habitation de son amie « était une maison simple et modeste ». Il aimait à se promener « dans un bosquet près d'Alfort ».

Il est de tradition, dans le pays, que Robespierre habita le château où vient d'être installé la nouvelle mairie. D'après *Dulaure*, d'accord en cela avec les anciens du pays, « Robespierre posséda pendant quelque temps une habitation à Maisons ». Nous n'avons trouvé aucune preuve de ce fait, ni dans les archives communales ni ailleurs.

Entre autres personnages notoires, non encore désignés, qui habitèrent Maisons avant 1815, nous avons trouvé :

MM. de Saint-Martin, de Miroménil, de Gaumont, de Laméricourt ; le prince de Salm-Hohenzollern ; le général Berthier, le général Cara Saint-Cyr, le président de Jassaud, MM. de Bragelonne et de Saint-Germain.

Le général Castelvert, qui habitait Conflans, était un des chasseurs attitrés de Maisons.

Une dame Anne-Marie de Beauharnais de la

Grillière posséda également des immeubles à Maisons.

On trouve, sur les registres de l'an XIV, mention d'un habitant nommé Parmentier. Serait-ce l'importateur de la pomme de terre? Ce qui pourrait le faire croire, c'est que, depuis quelques années, l'ancienne rue Saint-Rémy a pris son nom. Mais, néanmoins, rien ne prouve que le célèbre agronome ait eu là sa résidence.

TROISIÈME PARTIE

DE LA CHUTE DU PREMIER EMPIRE A LA TROISIÈME RÉPUBLIQUE.

CHAPITRE PREMIER

1816. — On commence à voir figurer, au budget des recettes, des rentes sur l'État (1 614 francs), qui proviennent d'une partie de ce qui restait des terres communales (les dernières furent vendues en 1820 pour 300 francs qui eurent le même emploi) et de fonds disponibles à la fin des exercices. Non seulement la commune n'avait pas de dettes, mais elle faisait des économies.

1817. — Un conflit s'éleva entre le directeur de l'École vétérinaire et le maire, au sujet d'une fête offerte à l'École à la duchesse de Berry, lors de son passage à Maisons-Alfort. Le directeur demandait à la commune 303 fr. 75, représentant la moitié de la dépense ; le maire refusa, disant qu'« il ne serait pas versé autre chose que les 143 francs produits par une souscription, qui ont été remis audit directeur, le budget communal n'ayant rien à voir dans cette affaire ».

1818. — L'octroi de banlieue avait été institué, malgré l'opposition de l'assemblée communale, manifestée à diverses reprises.

1820. — La première pompe à incendie de la commune fut acquise en 1820.

1821. — Une souscription de 200 francs est accordée par le Conseil pour l'acquisition du domaine de Chambord, « pour être offert en apanage à Mgr le duc de Bordeaux ».

A l'occasion du baptême de ce prince, qui venait de naître, on dansa sur la place de l'église, et on but une pièce de vin et un quart de bière, grâce à un crédit de cent francs voté à cet effet.

Le service des postes, à cette époque, était organisé d'une façon assez bizarre ; du bureau, qui était à Charenton, les lettres allaient à Créteil, Mesly et Bonneuil, pour être remises à Maisons au retour ; on s'en plaignait, et il y avait de quoi.

1823. — Le baron et la baronne de Saint-Georges, propriétaires du château de ce nom, firent un legs de cent francs de rentes en 5 p. 100 « à donner par moitié au maître et à la maîtresse d'école pour l'instruction qu'ils donnent aux enfants pauvres, et ce, sans diminution de leur traitement ».

Cette rente, réduite d'abord à quatre-vingt-dix francs par la diminution du taux de l'intérêt, et ensuite, par le partage avec Alfortville, figure toujours au budget ; le nom des donateurs est gravé en tête sur la plaque placée dans la nouvelle mairie, en l'honneur des bienfaiteurs de la commune.

1824. — Cette année fournit quatre conscrits que beaucoup de nos contemporains ont connus vieillards; ils se nommaient Montenolle, Léonard, Pilier et Peton.

Certaines personnes apprendront peut-être avec intérêt que les cloches de l'église, refondues ou remplacées en 1824, furent baptisées le 24 octobre, et possédaient les noms et poids suivants:

Marie-Anne, 1 603 kilogs.; Louise-Françoise, 1 256 k. et Caroline-Thérèse, 893 k. Une refonte et un nouveau baptême eurent lieu en 1891.

1825. — L'acquisition du terrain pour un nouveau cimetière, projetée depuis longtemps, devint définitive; la dépense était évaluée à 12300 francs, acquisition, frais et clôtures comprises, pour une surface de 4 430 mètres; c'est la partie du cimetière actuel sur laquelle existe une double rangée d'arbres. Afin de couvrir cette dépense, il fut établi des centimes extraordinaires pour trois ans; la prise de possession n'eut lieu qu'en 1826.

1827. — On se plaint généralement de la modification de la température dans nos régions et du déplacement des saisons; voici la copie d'une délibération du conseil municipal, relative à la fête communale, qui démontre qu'en 1867, il en était déjà de même; s'il n'y avait l'avis du curé, on la croirait d'hier.

« Le conseil municipal, considérant que la fête patronale, qui se célèbre le 1er dimanche d'octobre, arrive dans une saison presque toujours pluvieuse, que le mauvais temps rend cette solennité très peu fructueuse pour les habitants de la commune, qu'il serait très avantageux de la remettre à une autre plus avantageuse, vu que M. le maire a déclaré s'en être entendu avec M. le curé ; est d'avis que la fête patronale de Maisons-Alfort, célébrée ordinairement à la Saint-Rémy, le sera désormais au dimanche de la Trinité. »

Cette nouvelle date choisie est celle de la fête d'Alfort ; ce quartier s'en empara sans doute après une tentative infructueuse à Maisons ; quoi qu'il en soit, cette décision n'eut pas de suite durable, puisque ce fut seulement en 1897, que, pour les mêmes raisons, le mois d'août fut choisi en remplacement de celui d'octobre.

Ces fêtes étaient alors tout autres qu'aujourd'hui. Il n'est pas un ménage, si pauvre qu'il fût, qui ne fît ce jour-là son petit extra ; les fours s'emplissaient de pâtés et de galettes, quelquefois un peu lourds, mais combien bons tout de même !

Tout le monde revêtait ses plus belles toilettes ; la redingote du mariage, quelque peu fripée, trop exiguë, ainsi que le chapeau haut de forme, démodé, étaient extraits de l'armoire avec la robe et le bonnet des grands jours. Les jeunes filles inauguraient une toilette nouvelle ; les garçons revêtaient le paletot et le pantalon de drap, un peu grands quand ils venaient d'être achetés, en prévision de la croissance de leur possesseur, et un peu courts si, au contraire, ils dataient de quelques années.

Le soir, au bal, qui regorgeait de danseurs, les robes blanches dominaient. On voyait aussi l'habit à boutons dorés des élèves vétérinaires, qui, n'ayant pour se rendre à Paris aucun moyen pratique, restaient à la fête et y répandaient la gaîté.

Quelquefois, des couples de canotiers esquissaient un quadrille échevelé, signalant leur présence par le cercle qui se formait autour d'eux; mais le garde champêtre apparaissait et tout rentrait dans l'ordre.

C'était le bon temps! disent les vieux.

Depuis fort longtemps, on réclamait une route et un pont pour relier Alfort à Ivry et Vitry. Une société financière, autorisée à cet effet, entreprit ces travaux en 1827; le pont d'Ivry fut construit tel qu'on le voyait encore avant 1882, époque où son tablier fut refait en fer ; on y payait un droit de passage.

Les piles étaient en maçonnerie et les arches en bois cintré et assemblé ; c'était, comme coupe de charpente, un des modèles types du genre. La route, du pont au carrefour d'Alfort, fut établie à la même époque à travers la plaine, et devint le prolongement de celle de Troyes à Paris qui, du n° 22, prit le 19.

CHAPITRE II

1828. — Dans l'ancien cimetière, chacun avait droit, sans bourse délier, à une place qu'on pouvait considérer comme perpétuelle, ainsi que cela existe encore dans les petites communes rurales.

Pour le nouveau, après divers remaniements, il fut fait un tarif des concessions qui fixait les perpétuelles à 50 francs le mètre et celles de six ans à 25 francs les deux mètres; pour prolongation de ces dernières, 4 francs par an, et enfin, sur le tout, en plus des frais, 1/4 pour les pauvres. Ce tarif a été augmenté depuis.

1830. — Certains carriers creusaient en cavage et tiraient des pierres sous le chemin de l'Échat; l'un d'eux, qui fut pris, dut payer une indemnité de 627 francs.

En raison des exploitations de carrières, qui se faisaient sur ses côtés, et même dessous, comme on vient de le voir, ce chemin était depuis longtemps la ruine du budget communal; cet état de choses dura jusqu'à la fin de ces exploitations. Son classement dans la voirie départementale eut lieu en 1872, après des sollicitations qui se renouvelaient depuis bien des années.

1831. — Les événements de 1830 n'ont pas laissé de trace marquante dans les archives de Maisons-Alfort; l'année suivante, en application de la loi municipale de mai, un nouveau conseil fut élu; il se composait de MM. Dodun, maire, Merville, Labbé, Chevallier, Hédelin, Paris, Saintin, Lecouteux, Lavocat, Remy et Yvart.

D'après cette nouvelle loi, les contribuables les plus imposés prenaient part aux délibérations du conseil lorsqu'il fallait voter des centimes additionnels extraordinaires qualifiés de *surimposition*;

c'est ce qui avait lieu chaque fois qu'une dépense importante devenait nécessaire.

Le maire et l'adjoint étaient nommés par le préfet.

Les habitants d'Alfort voulant, comme ceux du chef-lieu, avoir leur poste de garde nationale, se cotisèrent pour en faire les frais ; les sieurs Hédelin, Jacotot et Bastou se portèrent garants de la dépense.

1832. — On rêvait déjà à Maisons, et depuis longtemps, d'avoir une place de fêtes ; certains habitants, par une pétition, demandèrent la démolition des restes des murs du vieux cimetière, qui ne servait plus depuis cinq ans, pour agrandir la place, et y faire la fête. Le conseil y répondit : « Considérant que si le respect dû aux morts, sentiment inné chez tous les peuples du globe terrestre, s'oppose à la démolition du petit mur de clôture... est d'avis que le petit mur dégradé soit rétabli, et que le cimetière soit clos avec soin. » Mais, pour donner un commencement de satisfaction aux pétitionnaires, on décida « d'abattre les arbres de la place et de reculer les bornes du chemin ». Ce qui n'empêcha pas la suppression définitive du cimetière quelques années après.

1833. — Dans ce temps-là, et jusqu'à l'établissement de la gratuité de l'enseignement, qui ne vint qu'après la chute du second Empire, chaque année, le conseil fixait le prix de la rétribution scolaire et le nombre des enfants à instruire gratuitement; cette rétribution était de 1 fr. 50 et 1 franc par mois, suivant la situation des parents. Plus tard, et jusqu'au moment où on cessa de la payer, elle fut de 2 fr. 50 à l'école primaire et 1 franc à l'asile.

Le maître touchait un traitement annuel fixe de 400 francs, plus 200 francs pour indemnité de logement.

1834. — Quoi qu'il en eût été question à diverses reprises, il n'y avait toujours pas de mairie. On commença à caresser le projet d'en posséder une, « à l'instar des communes environnantes », dans laquelle il y aurait : « une salle de mairie, une chambre pour les archives, un logement pour le maître d'école, une classe convenable, un corps de garde et une pièce de dépôt pour les gens arrêtés ». Ce devait être, en un mot, un bâtiment *omnibus*.

La place de l'église est tout d'abord proposée pour cette édification; mais il en est qui la voudraient plus au centre de la commune, et puis on craint « qu'elle masque trop l'église, et qu'elle supprime la promenade que constitue la place ». Celle de Saint-Mandé est citée comme modèle.

Finalement, un projet comportant une dépense de 11 967 fr. 27 fut adopté, et la place de l'église choisie.

Comme tout devis qui se respecte, celui-ci fut dépassé : il y eut 3 800 fr. de travaux supplémentaires.

Il y a loin de cette dépense, pour un bâtiment qui sera à la fois mairie, école, caserne et prison, et celle de 209 000 francs, en chiffres ronds, que coûta la mairie seule, inaugurée en 1896 ; mais il y a loin aussi des 3 227 francs du budget de 1833 aux 234 922 francs de celui de 1896.

Il fallait trouver des ressources. On décida d'imposer des droits de voirie, conformément à la loi du 28 avril 1832, et on vota des centimes extraordinaires.

La question du déplacement de la sous-préfecture fut agitée plusieurs fois ; on demanda son transfèrement à Charenton ; plus tard, on proposa aussi Montrouge, et même Joinville ; finalement elle termina son existence à Sceaux, après avoir débuté à Bourg-la-Reine.

1837. — Afin de pouvoir réparer le chemin de l'Échat, qui jouait à cette époque le rôle que joue de nos jours celui de Saint-Maur, on imposait aux carriers une subvention de 50 centimes par toise cube de pierre extraite ; ce système était certainement plus équitable, surtout plus précis, que celui du comptage des colliers, en usage actuellement.

Le pavage de la rue des Cochets fut augmenté, « afin de supprimer le ruisseau qui était au milieu ».

1838. — Le pont d'Ivry, pourtant de construction récente, n'inspirait guère de confiance, car il fallut faire achat d'une chaîne pour le barrer pendant la débâcle, « craignant qu'il ne fût emporté au moment où des personnes y passeraient ».

Les égouts étaient encore chose inconnue dans la commune ; les eaux sales stagnaient dans les cours, autour du traditionnel tas de fumier, pour la plus grande joie des canards ; les rues en recevaient le surplus, qui, à Maisons, s'écoulait tant bien que mal vers les mares et fossés, recevant au passage l'appoint des eaux résiduaires d'une fabrique de sucre et de quelques petites industries.

A Alfort, où il y avait une distillerie, elles se déversaient dans la Marne par des ruisseaux à ciel ouvert ; le sang et les eaux sales de l'École suivaient la même voie ; aussi, les édiles commençaient-ils à s'émouvoir de cet état de choses, qui malheureusement devait durer encore fort longtemps faute de ressources.

La seule solution trouvée consistait en un vœu d'obliger les usiniers à envoyer les eaux usées de leurs établissements directement à la rivière, ce qui paraissait être à cette époque le *summum* du progrès. Plus tard, lorsque ce soi-disant progrès fut atteint, nos ingénieurs s'empressèrent de déclarer qu'il n'en était pas un, et qu'au contraire il fallait reprendre ces eaux et les envoyer dans la plaine, cette même plaine qu'à grands frais, à l'aide de fossés, on avait cru assainir en enlevant de sa surface l'eau (propre celle-là) provenant des inondations.

Une autre vieille question, c'est celle de l'admission des malades de la banlieue dans les hospices et hôpitaux de Paris. On trouve ceci dans une délibération : « Quant aux aliénés, et aux malades en traitement dans les hôpitaux et hospices de Paris, les communes rurales ont un droit acquis à la jouissance des bienfaits des hôpitaux et hospices de Paris, leurs malades et aliénés doivent y être acceptés comme ceux de la capitale, la fondation, la dot de ces établissements de charité, embrasse tout le département (la ville de Paris et sa généralité. »

Le service de bienfaisance comportait alors une dépense de 1 415 fr. 50.

1839. — L'horloge de l'église, qui coûtait depuis longtemps fort cher de réparations (745 francs en vingt ans), fut remplacée par une neuve du prix de 700 francs.

1840. — A la suite d'un rapport très documenté présenté par M. Bethmont, ancien notaire, conseiller municipal, relativement à la revendication par la commune d'un tronçon du chemin d'Enfer et de celui de Charentonneau, fermés par des grilles et barrières par le propriétaire du domaine, le conseil décida de plaider pour obtenir l'enlèvement de ces barrières ; un vœu dans ce sens avait déjà été émis en 1839.

Il résulte de ce rapport, que les défendeurs produisirent un titre datant de 1712 par lequel le propriétaire du château autorisait le meunier à paver le chemin, ce qui indiquerait qu'il lui appartenait ; ils invoquaient, en outre, un acte de 1808 où il est déjà question de barrières entourant l'avenue du château, et, enfin, que M. Rodier, propriétaire, avait été autorisé à se clore, du côté de la route, par un mur.

Le rapporteur contesta la valeur de ces preuves ; « l'autorisation de paver, et l'existence de barrières, indiquant une marque de déférence envers un seigneur puissant, et une prise de possession qui ne justifient pas d'un droit. Quant à la permission de clore, elle comportait cette condition de laisser libres les chemins pouvant exister, et, enfin, les chemins revendiqués ont toujours figuré sur les plans et états comme classés dans la voirie communale ; il en est de même du chemin de halage ».

Malgré le vote du conseil, cette affaire dormit jusqu'en 1877, époque où elle fut définitivement tranchée par un procès que la commune perdit.

CHAPITRE III

1841. — C'est en 1841 que furent commencés les travaux du fort de Charenton, terminés l'année suivante. Le roi Louis-Philippe vint à diverses reprises les visiter.

Cette construction devait causer plus tard un grand dommage à la commune, en séparant Alfort de Maisons, et en maintenant, entre la section et le chef-lieu, une solution de continuité qui ne pourra disparaître que par la suppression de la zone militaire. En attendant, elle eut pour résultat immédiat d'absorber la partie du chemin Vert qui reliait Château-Gaillard à Maisons, et le sentier allant de la route n° 5 au chemin Vert.

Il avait tout d'abord été question d'édifier ce fort sur le plateau de Saint-Maurice, où sont les rues Neuve-Gabrielle, de l'Asile et autres ; les terrains avaient même été achetés. L'administration militaire changea d'avis et se décida pour l'emplacement actuel, qui constituait un point élevé relativement au reste de la commune, et qui devait à cela son nom de butte de Grammont ou Grandmont. Le fort commandait ainsi les deux routes et les deux rivières, n'étant à cette époque masqué qu'en un seul point par le village de Maisons, dont il dominait les constructions, alors peu élevées.

Sa disposition, qui n'a pas changé, comporte cinq bastions, deux bâtiments pour les officiers, deux casernes, des poudrières et des casemates. Il peut facilement contenir un régiment.

En 1848, après les journées de juin, et en 1851, au coup d'État, il servit un moment de prison aux insurgés et ensuite aux républicains ; en 1871, les Allemands l'ont occupé.

Jusqu'au jour où les communications devinrent faciles avec la capitale, Alfort eut l'aspect d'une ville de garnison. Les officiers logeaient dans les hôtels de ce quartier, prenaient pension dans ses restaurants et en fréquentaient les cafés.

Les sous-officiers et soldats, parmi lesquels beaucoup de brisquards, avaient des ménages en ville. La musique, logeant au fort, se faisait entendre plus fréquemment qu'à présent, à la grande satisfaction des habitants, et il arrivait souvent que des troupes voyageant par étapes étaient cantonnées dans le village.

On rétablit, moyennant 4497 francs, un pont sur le grand fossé d'assainissement, dans la plaine, pour le chemin de Choisy ; on retrouve à tout instant ce pont à cause des réparations qu'il coûte par suite de sa mauvaise construction. Créteil et Choisy en faisant usage, leur concours fut demandé ; nous ignorons si on l'obtint.

Malgré la réclamation faite relativement aux hospices, on commence à payer pour deux aliénés 46 fr. 80 par an, et 50 francs pour les enfants assistés.

Cette année et la suivante marquent le point de départ de progrès réels dans la voirie communale ; pour la première fois on adjuge l'enlèvement « des boues et fumiers », à raison de 150 francs par an, et l'éclairage à l'huile, par trois lanternes, dites réverbères, pour 195 francs. Elles étaient allumées jusqu'à 11 heures du soir pendant six mois de l'année, sans tenir compte des jours lunaires, et, ce qui indique qu'on fêtait encore le carnaval, les trois jours gras, toute la nuit.

Que ceux qui, installés depuis peu dans des quartiers nouveaux, réclament aussitôt gaz, eau, balayage, tout comme dans les rues anciennes, apprennent la patience en songeant que ces trois lanternes devaient être désirées depuis l'existence du pays.

1842. — Le pavage des rues Saint-Pierre et des Bretons ayant été entrepris, les propriétaires riverains vinrent en aide à la commune par une souscription, ainsi que l'administration militaire, qui, en attendant l'achèvement du fort, avait transformé en caserne la ferme Lecouteux.

Le budget se ressentit, naturellement, des décisions prises, et atteignit 5 915 livres ; une surimposition de vingt centimes fut votée pour faire face aux dépenses résultant des travaux décidés.

Le 9 août, une lettre de condoléances fut envoyée au roi au sujet de la mort du duc d'Orléans ; c'est la seule manifestation politique constatée pendant tout le règne de Louis-Philippe.

1843. — La construction d'égouts est de nouveau réclamée ; on signale au sous-préfet « les odeurs infectes provenant des eaux stagnantes et chargées de débris d'animaux qui sortent de l'École, et qui, avec celles de la distillerie Genty, qui fait de l'alcool avec des pommes de terre, empoisonnent le quartier du hameau d'Alfort ; de plus, le ruisseau qui traverse le chemin de halage est trop profond et a causé la chute de chevaux ; un bateau s'est échappé et brisé ; il y a eu mille francs de dégâts ; de plus, cela fait sauver les promeneurs et les pêcheurs ».

L'administration supérieure et l'architecte de l'arrondissement rêvaient de la construction d'une nouvelle église ; un projet comportant une dépense de 85 478 francs, fut soumis au conseil, qui, ayant déjà refusé 17 000 francs pour des grosses réparations, le repoussa disant « qu'il y a dans la commune des travaux plus urgents ». Par la suite, à force d'insistances, la réfection partielle fut décidée, et payée, à l'aide de secours de l'Etat et du département s'ajoutant aux fonds communaux.

1845. — Un octroi communal fut voté, et le vin frappé d'un droit de 1 franc par hectolitre, « pour imiter les communes de Charenton et Saint-Maurice, qui améliorent tous leurs services ».

A cette époque, se produisit un fait qui devait avoir, par la suite, la plus grande influence sur les destinées de la commune ; nous voulons parler de l'établissement de la ligne du chemin de fer, qui, en coupant le territoire en deux, devint plus tard la cause initiale de la séparation de la section d'Alfortville.

Des chemins furent modifiés ou raccourcis : ceux de Villeneuve, du Port-à-l'Anglais, de Jean, des Iles, de la Mare et des Marais. En échange, la Compagnie donna le terrain pour le chemin Latéral, et pour le déplacement d'une partie de ceux des Iles, des Marais et de Jean, mais sans aucun travail de viabilité. Un pont et des passages à niveau sont venus rendre plus difficiles les communications entre les agglomérations et la plaine ; cette situation n'a fait que s'aggraver depuis, par la plus grande fréquence du passage des trains.

Comme compensation, Maisons fut doté d'une gare de voyageurs dès l'ouverture de la ligne, celle des marchandises ne fut installée qu'en 1874 et celle d'Alfortville en 1890.

L'établissement du chemin de fer a, comme partout ailleurs, non seulement modifié la topographie de la commune, mais aussi sa vie elle-même.

Il a rendu inutiles les grandes auberges de roulage. Les diligences aux attelages bruyants, les chaises de poste et les longues caravanes de rouliers ont été remplacées par les voitures beaucoup moins pittoresques des usiniers, des maraîchers, des nourrisseurs, des boueurs et des entreprises nocturnes, s'ajoutant aux moellonnières et aux chariots de fermes. Les routes, devenues trop larges, ont été rétrécies ; les régiments, changeant de garnison, suivis de tous leurs bagages, ne les empruntent plus, et les compagnons du tour de France, qui passaient enrubannés, prennent — s'ils voyagent encore — prosaïquement le chemin de fer.

A l'époque où nous écrivons, les cavaliers, les amazones, les excursionnistes pédestres sont remplacés à leur tour par les cyclistes des deux sexes, et les chevaux des équipages bourgeois commencent à céder le pas aux moteurs mécaniques.

1847. — Une nouvelle période de misère publique commence à se produire; les travaux manquent et le pain est cher. L'État, pour améliorer cette situation, assure aux communes le remboursement du tiers de la dépense qui sera faite en travaux, sous forme d'ateliers de charité; 3 000 francs y sont affectés. Le directeur de l'École vétérinaire fait distribuer aux pauvres les restes des aliments des élèves.

Les budgets ont naturellement continué à progresser. Voici le résumé des comptes pour l'année 1847 :

Compte moral du maire.

Recettes	18282fr,68
Dépenses	12123 27
Excédents	6159fr,41

Compte du bureau de bienfaisance.

Recettes	1340fr,40
Dépenses	1410 83
Déficit	70fr,43

(Couvert à l'aide d'un reliquat de caisse de 2315,15.)

Budget de prévision. Commune.

Recettes	7874fr,24
Dépenses	5329 19
Excédents	2545fr,05

Budget de prévision. Bienfaisance.

Recettes	1579fr
Dépenses	1575
Excédent	4fr

On constata que l'octroi avait produit, pour six mois, de mars à août inclus, 1 545 fr. 94 centimes.

Le réseau d'égouts fut commencé par celui de l'École ; le curage coûtait 25 fr. 73 par an ; nous ne donnons ce chiffre, sans grand intérêt, que pour la comparaison avec celui actuel (2700) ; nouveau progrès, on installa, en commun avec Charenton, un réverbère sur le pont.

1848. — A la proclamation de la République, il fut fait adhésion au Gouvernement provisoire dans la forme suivante :

« Ce jourd'hui, premier mars 1848, heure de midi, le conseil municipal de Maisons-Alfort, réuni à la mairie, pour délibérer sur la proposition de manifester son adhésion au gouvernement provisoire de la République Française, inaugurée à l'Hôtel-de-Ville, après le triomphe des braves habitants de Paris, dans les trois journées des 22, 23 et 24 février dernier sur l'ex-gouvernement.

« Présents : MM. Dodun, Becquemont, Vermorelle, Hédelin, Remy, Delaporte, Paris, Lavocat, Cholet et Picot.

« Le conseil municipal a déclaré spontanément

qu'il donnait son adhésion entière au gouvernement Républicain, et qu'il aiderait de tout son pouvoir le gouvernement provisoire pour rétablir l'ordre.

« Vive la République !

« Et honneur aux courageux citoyens qui ont accepté le gouvernement provisoire !

« M. le Maire chargé de transmettre cette adresse au gouvernement provisoire, dépose sur le bureau une lettre de M. Labbé, conseiller municipal, qui, forcé de s'absenter pour un convoi funéraire, déclare adhérer au gouvernement provisoire.

« Et ont signé après lecture faite. » (Suivent les signatures.)

La bascule d'Alfort avait été brûlée, ainsi que les guérites et le pont provisoire établi sur la Marne pour la ligne du chemin de fer. La foule aveugle avait uni dans un même sentiment de haine deux choses bien différentes : un instrument de contrôle, et le chemin de fer. Les coupables, en ce qui concerne ce dernier, étaient faciles à désigner : c'étaient les postillons qu'il menaçait dans leur travail ; ils s'étaient joints aux *insurgés* de Paris, et espéraient peut-être, en détruisant le matériel, atteindre l'institution elle-même et la faire disparaître.

Cette bascule, dont il vient d'être question, était installée là, comme sur toutes les routes royales, pour contrôler si la proportion entre le poids des voitures et la largeur des bandages des roues était réglementaire ; c'était une mesure de précaution contre l'usure anormale des chemins, par des roues trop étroites par rapport à la charge qu'elles supportaient.

La Cie P.-L.-M. ne fut pas rancunière à l'égard des postillons; la plupart furent embauchés dans son service de messageries.

A la suite de deux pétitions, le conseil vota la suppression de l'octroi, à partir du 1er mai; il avait été établi pour dix ans en 1846.

Des inondations étaient venues apporter leur contingent aux causes de misère déjà existantes.

La garde nationale de la commune avait pris sa part dans la lutte, lors des journées de juin, en gardant la barrière Charenton contre les insurgés; à ce sujet, il est constaté une dépense de 89 francs, à raison de 0 fr. 50 par homme et par jour, pendant les journées des 23, 24, 25 et 26 juin 1848; il n'avait pas été fait d'excès. Les élèves de l'École d'Alfort, sous la conduite de M. Bouley, alors professeur, avaient également contribué au rétablissement de l'ordre.

1849. — A la suite de la constatation d'un déficit annuel de 200 francs, le préfet avait invité le conseil municipal à rétablir l'octroi; celui-ci refusa, et proposa 7 centimes additionnels; il fut néanmoins rétabli sur les vins et alcools.

Depuis quelques années, il avait été fixé des alignements pour la plupart des rues et chemins, dont la largeur maxima était généralement de 8 mètres. De temps à autre, la commune avait à payer des parcelles de terrain ajoutées à la voie publique ; dans les rues, les prix variaient de 0 fr. 60 à 1 franc le mètre, pour atteindre parfois par exception 2 francs ; les tronçons du chemin Vert, rendus inutiles par la construction du fort, avaient été vendus 4 500 fr. l'hectare.

Il y a loin de ces prix à ceux actuels.

1850. — Lors d'une épidémie de choléra, trois médecins de Charenton : MM. Marchant, Ramon et Rivet, s'étant dévoués d'une façon toute particulière pour soigner les malades, il fut accordé à chacun d'eux une somme de 50 francs à titre de récompense ; les distinctions honorifiques n'étaient pas encore usitées.

Les travaux de restauration de l'église, pour lesquels on avait encore repoussé un projet, devant coûter 37 666 francs, subventions comprises, et qui avaient été néanmoins commencés en 1846, ne furent enfin terminés et réglés qu'en 1850 ; le monument avait été refait presque complètement, sauf le porche, le chœur et le clocher ; à l'intérieur, les piliers qui, d'après un ancien plan, étaient carrés, avaient été remplacés par des colonnes ; le carrelage et les autels avaient été remis à neuf. La dépense totale s'éleva à 55 892 francs ; tout comme de nos jours, on protesta et on paya.

1851. — Les premières plaques indicatrices furent placées dans les rues ; il en fut posé 17 à 3 francs, et 156 numéros de maisons à 0 fr. 75.

CHAPITRE IV

1852. — Non seulement l'octroi avait été rétabli, comme nous l'avons déjà dit, mais se basant sur la nécessité de pourvoir aux dépenses suivantes :

« 1° Paiement des travaux supplémentaires de l'église ;

« 2° Frais de réparations du pavage des rues ;

« 3° Continuation du pavage de la rue Saint-Pierre ;

« 4° Substitution du gaz à l'huile ;

« 5° Établissement d'un lavoir public ;

« 6° Et enfin, construction d'un second bas-côté à l'église. »

La prorogation indéfinie en fut demandée, ainsi qu'un droit nouveau de 4 francs par hectolitre sur l'alcool.

Ce droit fut perçu ; mais on ne continua pas le pavage de la rue Saint-Pierre, et on ne fit ni le lavoir ni le bas-côté de l'église.

En revanche, on commença à donner une subvention de 200 francs par an à l'école maternelle, et une autre d'égale importance pour une classe du soir.

Les mêmes hommes, ou à peu près, qui avaient fait quatre ans plus tôt l'adhésion chaleureuse à la République que nous avons reproduite (1), et avaient pour la plupart prêté serment de fidélité aux divers gouvernements qui s'étaient succédé, envoyaient au *Prince Président* l'adresse suivante, votée en la séance du 11 octobre 1852 :

(1) Voir p. 128.

Monseigneur.

« Le conseil municipal de la commune de Maisons-Alfort, interprète des sentiments de toute la population, prie Votre *Altesse Impériale* d'agréer l'expression de sa reconnaissance, pour les services que Votre Altesse a rendus à notre belle Patrie, en écrasant l'anarchie, en nous rendant la vie, en rétablissant l'ordre par votre énergie.

« Oui, Monseigneur, nous nous joignons à toutes les populations, qui ont été si heureuses de contempler leur sauveur, et nous formons, comme elles, les vœux les plus ardents pour que bientôt votre Altesse soit revêtue de la dignité Impériale, comme le fut jadis votre oncle de glorieuse mémoire, et que le pouvoir reste héréditaire dans la famille d'un Prince qui a sauvé la France, *et qui saura la conserver grande et prospère.*

« Le Conseil a l'honneur d'être avec un profond respect, Monseigneur, de votre Altesse Impériale, le très humble et très dévoué serviteur.

Et ont signé :

« Dodun, Lavocat, Becquemont, Guimard, Hédelin, Lecouteux, Dandalle, Vermorelle, Delaporte, Renault, Paris, Véron. »

Pouvait-on saluer plus bas le soleil levant?

1853. — Le 18 juillet 1853 on signa le premier traité avec une Cie du gaz, et on vota pour le quartier d'Alfort 5 candélabres et 1/2. Ce 1/2 candélabre, qui rend rêveur, représente probablement la participation de la commune dans l'entretien de celui du pont de Charenton.

Alfort, qui avait eu le premier maire et le relai de poste, eut les premiers becs de gaz, puis, pendant quelque temps, l'unique borne-fontaine. La poste aux lettres, et, plus tard, le télégraphe y débutèrent aussi. Cela s'explique du reste aisément, sauf en ce qui concerne le maire, par le voisinage de ce quartier, d'agglomérations plus importantes desservies tout d'abord.

1854. — Un commissaire de police fut installé à Charenton et la commune invitée à payer, pour sa part, sur un traitement de 2 800 francs, 820 francs. Cette participation dans les frais de police ne fera qu'augmenter, jusqu'à atteindre, en 1896, 10 623 francs ; à tort ou à raison, elle fut toujours trouvée excessive.

1855. — M. Dodun, qui était maire depuis 1813, mourut en 1855. Depuis son installation jusqu'au 25 mars, c'est-à-dire quelques jours avant sa mort, il avait écrit de sa main à peu près tous les procès-verbaux des séances du conseil, les actes de l'état civil, et la correspondance, sans le concours d'aucun secrétaire ; on ne trouve pas d'anciens budgets, mais il est probable qu'il les faisait également.

Il résumait à lui seul toute l'administration, et quoique, depuis un certain temps, il y eût une mairie, c'était à son domicile qu'il remplissait la plus grande partie de ses fonctions ; il y faisait même souvent les mariages.

A chacun des renouvellements du conseil, il était réélu premier, par des majorités allant de 36 à 76 voix ; il est vrai que, tout au moins jusqu'en 1848, c'était par le suffrage restreint. Il avait pris la mairie dans tout le désarroi subsistant encore quelque temps après les grands événements de la fin du siècle dernier, et du commencement de celui-ci ; il laissait la commune non seulement sans dettes, mais aussi, ce qui est plus rare, avec des rentes.

Né en 1771, il avait assisté, et peut-être pris part aux événements de la Révolution. Promu officier d'état-major, il avait conquis la croix de la Légion d'honneur en combattant dans les armées de l'Empereur ; démissionnaire, sans doute, il devint maire en 1813 ; successivement, il paraît d'abord avoir été napoléonien, puis avec ses collègues du conseil il manifesta sa sympathie à Louis XVIII, Charles X et Louis-Philippe ou à leurs familles ; il applaudit à l'avènement de la République de 1848, et félicita quelques années après le Prince-Président de l'avoir étranglée. On ne saurait accepter plus philosophiquement les faits accomplis.

Comme nous l'avons dit déjà, pour juger sainement les hommes ayant pris part à des événements publics, il faudrait avoir vécu de leur vie et en leur temps.

Malgré cette apparente soumission aux divers régimes, il fit montre à plusieurs reprises d'esprit d'indépendance. Nous en avons vu un exemple à propos de la fête offerte à la duchesse de Berry ; plus tard, il luttait contre un curé nommé Invitti, qui semblait fort envahissant, et le replaçait nettement dans son rôle; enfin, il refusa d'engager les finances communales dans la construction d'une nouvelle église, et ce, malgré la pression de l'administration.

Ceux qui l'ont connu ont encore le souvenir d'un bon vieillard obligeant, sans façons, et très charitable; les habitants lui ont fait élever par souscription un monument dans le cimetière; il serait de toute justice qu'une rue portât son nom; il a certes plus de droits à cet honneur que son successeur immédiat.

L'administration qui disparaissait avait encore un reflet archaïque et paternel, et, il faut bien le reconnaître, un reste de ce sentiment d'indépendance et de libéralisme infusé, peut-être sans qu'ils s'en doutassent, aux hommes qui avaient traversé la Grande époque, et qui se faisait jour, malgré leur loyalisme affecté pour les gouvernements qui passaient.

La nouvelle municipalité mit en application le système de l'autoritarisme administratif et politique, résultant de ce qu'on appela, plus tard, un *esprit nouveau.*

Pour marquer la transition, nous reproduisons les budgets de 1855, dernier de M. Dodun, et de 1856, premier de M. Véron, tels qu'ils figurent sur le registre des délibérations.

Budget de prévision pour 1855.

RECETTES.

CHAP. Ier.	Recettes ordinaires.............	9490[fr]	9865[fr]
— II.	Recettes extraordinaires........	375	

REPORT.................. 9865 fr

DÉPENSES.

CHAP. Ier.	Administration communale.....	2351fr	
—	Dépenses diverses	2415	
—	Garde nationale	507	
—	Instruction primaire...........	1240	
—	Chemins vicinaux..............	700	
—	Service de l'église..............	1130	
—	Frais de perception des impositions communales...........	100	8783fr
—	Réclamations en matière de contributions..................	40	
—	Dépenses imprévues et fêtes publiques......................	300	
CHAP. II.	Dépenses extraordinaires.......	»	
	Excédent de recettes.......		1082fr

Il y a lieu de constater, en examinant ce budget, que les détails n'y abondent pas ; il est, du reste, fort possible que ce ne soit que le résumé de celui officiel.

Budget de prévisions pour 1856.

RECETTES.

5 centimes additionnels ordinaires..............	580fr
Attribution sur les patentes de l'année...........	320
— sur les amendes de police..........	120
— sur le produit de l'octroi de banlieue.	1400
Droits d'octroi, produit brut....................	1750
Produit des amendes de l'octroi................	50
Rentes sur l'État............................	1340
Produit des concessions dans le cimetière........	400
Expéditions d'actes de l'état civil................	20
Intérêts de fonds placés au trésor.............	300
Produit des droits de voirie....................	200
— des permis de chasse.................	60
3 centimes applicables aux frais de perception....	100
Réclamations en matière de contributions........	40
Produit de l'impôt sur la race canine............	200
A REPORTER...........	6880f

REPORT................	6880fr
Surimpositions pour insuffisance de revenus.	
1° Pour salaire du garde champêtre..............	600
2° Pour entretien des chemins vicinaux..........	720
3° Pour l'instruction primaire..................	540
Total....................	8740fr

DÉPENSES.

Administration communale (secrétaire 1000fr)....	1918fr
Service de police, contingent...................	920
Salaire du garde champêtre......................	600
— du tambour-afficheur..........................	70
Service de l'octroi.............................	625
Traitement de l'agent voyer communal............	50
Frais de recensement de la population...........	100
Entretien de la maison commune et mobilier......	360
Entretien des rues, chemins, plantations et ponts.	1320
Service de secours contre l'incendie............	80
Entretien du cimetière..........................	50
Assurances des propriétés communales............	15
Éclairage public à l'huile et au gaz............	850
Enlèvement des boues............................	200
Curage des rus, rivières et aqueducs............	200
Aliénés...	30
Enfants assistés................................	90
Coucher des voyageurs indigents.................	25
Service de la garde nationale...................	427
Entretien de la maison d'école et mobilier......	100
Traitement des instituteurs et institutrices....	350
Indemnité de logement à l'instituteur...........	200
Achat de livres de prix.........................	40
Fournitures aux indigents.......................	50
Indemnité de logement, et supplément de traitement au curé..............................	630
Entretien de l'église...........................	300
Frais de perception des impositions communales.	100
Réclamations en matière de contributions........	40
Fêtes publiques.................................	100
Dépenses imprévues..............................	200
Subvention à la salle d'asile...................	200
Chauffage des écoles et de l'asile..............	100
Total....................	10340fr

Récapitulation :

Recettes............	8740fr
Dépenses...........	10340
Déficit..............	1600fr

CHAPITRE V

Le 2 juin 1855, M. Véron, domicilié à Alfort, conseiller municipal depuis quelques années, fut nommé maire, et M. Maire (de Maisons) adjoint.

Voici la reproduction du serment prêté par la nouvelle municipalité au mois de décembre suivant :

Serment politique.

« L'an mil huit cent cinquante-cinq, le 8 décembre, les fonctionnaires ci-après dénommés, composant le personnel de la municipalité de Maisons-Alfort, déclarent prêter le serment politique prescrit par l'art. 16 du sénatus-consulte du 23 décembre 1852 dont la teneur suit :

« Je jure obéissance à la constitution, et fidélité à l'Empereur.

« *Et ont signé :*

« MM. Véron, maire, Maire, adjoint, Renault, Becquemont, Delaporte, Pollé, Dandalle, Lecouteux, Rouette, Lesieur, Prévost et Picot. »

La nomination d'un secrétaire de mairie et d'un garçon de bureau fut décidée ; le secrétaire prenait à sa charge, par abonnement, moyennant la somme de 80 francs par an, le chauffage et l'éclairage de la mairie ; il ne devait guère faire de bénéfices.

On a pu voir dans le premier budget de la nouvelle administration, que, pour la première fois, le traitement d'un secrétaire y figure ; et on remarquera que, dans celui de 1855, les recettes prévues sont plus élevées et les dépenses plus faibles que dans le suivant ; de sorte que dans le premier il y a 1 082 francs d'excédent de recettes, tandis que le second laisse un déficit de 1 600 francs. Cette différence provient des créations d'emplois, des nouveaux crédits inscrits, et probablement de la plus grande précision du budget nouveau. Le total des recettes portées pour 1855 devait certainement comprendre les reliquats des comptes précédents.

On ne s'explique pas pourquoi, malgré l'inscription d'un crédit pour le chauffage de l'école, afin qu'il devienne gratuit pour les familles, le crédit total de ce service est diminué de 200 francs. A remarquer aussi, que l'octroi, qui produit 1 750 francs brut, coûte 625 francs à percevoir ; le bénéfice est maigre.

Le déficit fut comblé, pour partie, à l'aide du reliquat en caisse, et, pour le surplus, par des centimes additionnels.

La taxe sur les chiens, autorisée par la loi du 2 mai 1855, était perçue pour la première fois ; le tarif fut tout d'abord de 8 francs et 2 francs.

Les amateurs de statistique apprendront avec intérêt, que, quoique cette décision eût causé la mort de bon nombre des nouveaux contribuables, on trouva 90 chiens d'agrément et 78 de garde. Les prévisions étaient largement dépassées.

On donna, cette même année, un avis favorable pour l'attribution d'une bourse militaire à un jeune homme nommé *Langlois* ; ce fut un bon placement, le lauréat, qui s'est illustré par de nombreux faits d'armes, est aujourd'hui général.

1857. — Les terrains ajoutés à la voie publique sont payés un franc le mètre rue des Iles, et 2 francs rue des Cochets.

1858. — A la suite de l'attentat d'Orsini, l'adresse suivante, votée par le conseil municipal, fut envoyée à l'Empereur.

SIRE,

« Permettez au conseil municipal de Maisons-Alfort de mêler sa voix à celles qui, de tous côtés, en France, comme en Europe, comme dans le monde entier, s'élèvent en ce moment, pour témoigner de l'horreur qu'a inspirée l'odieux attentat dirigé contre les jours précieux de Votre Majesté.

« Organes d'une commune rurale, qui aime en vous, Sire, le souverain qui a doté notre belle patrie de tant de tranquillité, de bonheur et de gloire,

« Nous bénissons la divine Providence, qui vous a si visiblement couvert de son égide, vous et l'auguste compagne que vous avez associée à vos glorieuses destinées, et comme vous, Sire, nous nous écrions :

« *Dieu protège la France !* »

1859. — Le presbytère, qui était en location, fut acquis de M. Bourguignon.

Jusque-là, le secrétaire de la mairie ne venait à son service que de 6 heures à 9 heures du soir, ce qui, entre parenthèses, n'était pas très commode pour les administrés; il touchait 800 francs par an; il fut décidé, que désormais, il donnerait tout son temps, et gagnerait 1200 francs.

A la rentrée des troupes de la guerre d'Italie, la plaine de Maisons, entre le chemin de fer et la Seine fut transformée en camp de cavalerie. Les glacis du fort étaient également couverts de tentes.

Ce spectacle attirait de Paris et des communes environnantes une foule de promeneurs, qui voulaient, comme le chanta Paulus plus tard, « voir et complimenter l'armée française ». Ce fut l'âge d'or des aubergistes de la région.

1860. — Le classement du chemin de l'Échat dans la grande vicinalité était demandé depuis longtemps, à ce moment déjà, afin de décider l'administration à ce classement; son utilité est démontrée comme pouvant contribuer à relier dans l'avenir Saint-Maur, Créteil, Maisons, Vitry et Ivry, à l'aide d'un prolongement à travers la plaine et d'un pont sur la Seine, ce même pont dont nous commençons seulement à entrevoir la construction comme prochaine.

Pour la première fois, un médecin de l'état civil est désigné; c'est M. Josias; il touchera, pour chaque constatation, 2 francs, qui lui seront payés par les familles.

Le premier traité avec l'administration des pompes funèbres fut également fait ; jusque-là, on portait les corps à bras.

Une grande inondation vint couvrir les plaines, et en fit pendant quelque temps un lac, entre les lignes des chemins de fer de Lyon et d'Orléans, Seine comprise. La partie basse d'Alfort, ainsi que les terres au delà de Maisons et la place de la gare étaient également inondées ; puis la gelée survint et il y eut une débâcle terrible. Fort heureusement, la plaine était encore déserte.

1862. — Le nouveau pont de Charenton fut commencé à cette époque ; contrairement à l'ancien, qui était de plain-pied avec le sol de la grande rue d'Alfort, il fut surélevé ; de sorte qu'on se vit dans l'obligation d'établir la rampe que l'on connaît, en maintenant le niveau des rues latérales. Il n'eût pas été difficile de faire mieux, et l'ingénieur, auteur du projet, n'aura jamais de statue à Alfort.

Les vieux matériaux furent en partie employés ; on replaça dans la culée, du côté d'Alfort, en amont, au niveau où elle existait avant la démolition, une pierre portant gravée la mention suivante :

EN 1697 LE PREMIER.
JVLLIET L'EAV A MONTÉ
ICY ET A TOUT NOYER LES

Le reste est effacé, mais l'on suppose bien qu'il s'agit des habitants. Le niveau de cette pierre correspond à celui de l'inondation de 1876.

Depuis longtemps déjà, on constatait l'insuffisance du local affecté à l'école des garçons, toujours dans la mairie; celle des filles et l'asile étaient au couvent, dans la grande rue.

L'installation d'une nouvelle mairie et d'un groupe scolaire fut décidée : on achètera une ancienne ferme, située dans la grande rue à l'angle de celle de Charentonneau, d'une surface de 4672 mètres, et du prix de 45000. « Il n'y a presque rien à faire, tous les bâtiments serviront; celui d'habitation pour la mairie, les hangards et granges pour les écoles. . . etc. » On se croirait en 1894, lorsque fut proposée l'acquisition Lesieur.

Un premier devis fixa la dépense, achat et frais compris, à 128496 francs; ce n'était que le commencement, et, pour la première fois, on parla d'un emprunt.

A cette époque se produisit aussi un événement mémorable ; on embaucha le premier cantonnier, avec cette observation, qu'il aurait dans ses attributions le nettoyage du cimetière, et qu'au cas où on ne trouverait pas à l'occuper toute l'année, il serait congédié l'été. Son salaire fut fixé à 900 fr. par an.

On aurait dû conserver le nom de ce brave travailleur qui suffisait à lui seul, et au delà, à assurer l'entretien de toutes les rues de la commune. Ce service, jusque-là, avait été fait par les riverains seuls.

Jusqu'en 1862, et depuis les premières descriptions connues, le réseau des rues et chemins de la commune ne s'était augmenté que par le percement de la rue du Pont-d'Ivry, et, un peu plus tard, de la cité d'Alfort, qui n'était du reste qu'un passage privé fermé de grilles à chaque extrémité.

Le plan cadastral de 1841 n'est, à cela près, que la reproduction de celui de 1813, sauf que le nombre et la disposition des constructions se sont modifiés, et que le fort occupe le lieu dit *la Butte de Grammont*.

La rue de *Mayenne*, encore peu connue aujourd'hui, et sur le point d'appartenir désormais à Créteil, fut la première ouverte par des particuliers sur leur terrain. Quelque temps après, le prolongement de la rue Jean fut percé sur l'emplacement d'une dépendance de la ferme de l'Archevêché.

Un morcellement d'une bien autre importance fut commencé : celui de la plaine, entre le chemin de fer et la Seine, dans un sens, et la rue du Pont-d'Ivry dans l'autre, avec prolongement graduel vers Créteil et Choisy.

L'affaire fut lancée tout d'abord par un liquidateur de domaines, M. François, assisté de M. Tellier, et ensuite de M. Brenu, qui commencèrent à vendre les terres provenant de l'ancienne ferme de Maisonville, devenue la propriété d'un sieur Dominique. On donna à ce nouveau quartier le nom d'*Alfortville*.

Il n'y avait alors, de ce côté du chemin de fer, qu'un petit groupe d'habitations, désignées sous le nom de *Maison de l'Américain*, placées en bordure d'un tronçon de la rue Jean ; puis un autre, auprès du pont d'Ivry, dont la pompe, une petite usine et deux auberges.

A peine les premières rues furent-elles tracées, qu'on vendait de nombreux lots de terrain, et qu'on commençait à y bâtir des maisons, d'abord très petites, puis rapidement plus importantes ; l'usine à gaz était du nombre. Quelque temps après vinrent s'y ajouter deux grandes forges à fer.

Ce fut également de 1861 à 1863 qu'on construisit le barrage du Port-à-l'Anglais.

1864. — L'octroi, qui n'existait que sur les vins et alcools, à raison de 0 fr. 92 et 2 fr. par hectolitre, fut institué à peu près tel que nous l'avons encore, malgré une pétition d'un grand nombre d'habitants, dans laquelle, d'une façon un peu triviale, on représentait les « Octroyens » cherchant à découvrir la fraude sous les jupons des maraîchères retour des Halles ; son produit pour 1865 était évalué à 29 656 francs.

Le traité avec la Compagnie des eaux fut fait pour cinquante années ; nous en « jouissons » encore, sans en être plus satisfaits ; il faut reconnaître, pourtant, à la décharge de ceux qui l'ont fait, qu'il fut à cette époque, considéré comme réalisant un progrès considérable.

A l'occasion de la mise en état de viabilité du prolongement du quai d'Alfort, il y eut un procès. La commune se prétendait propriétaire non seulement du sol de ce chemin, mais encore du pré qui le séparait du bras du moulin, et sur lequel se faisait habituellement la fête.

Elle invoquait la longue jouissance sans contestations, et le classement très ancien de ce chemin dans la voirie communale. Les propriétaires du terrain, devenu plus tard la *Villa Renard*, prétendaient que ce pré leur appartenait, en vertu de titres de propriété, sur lesquels leur pièce était désignée comme s'étendant « du chemin de Créteil à la rivière de Marne », quand survint M. Jouët, qui mit les parties d'accord en justifiant que l'objet du litige dépendait du Moulin Neuf, et était son bien. On plaida, et il eut gain de cause.

A un certain moment, l'île en face de ce pré ne dépendait pas du moulin ; il y avait dessus un restaurant à l'enseigne de Robinson, auquel on accédait par un pont de bois. Restaurant et pont ont disparu ; le pré est couvert de maisons, quant à la fête, elle se loge où elle peut.

La nouvelle mairie s'édifiait ; le 15 août 1864 eut lieu la prise de possession. Le maire, l'adjoint, les conseillers municipaux, le curé, le vicaire, et les administrations diverses étaient présents ; mais tout n'était pas terminé ; il fallut voter des suppléments pour les bâtiments et le mobilier. En définitive, les travaux, qui devaient coûter 79 817 francs, atteignirent le chiffre de 118 135 fr. Et on avait dit, au début, qu il n'y avait presque rien à faire !

L'architecte mit la surprise sur le compte de la vétusté des vieux bâtiments ; on fit voir qu'on n'était pas content et on acquitta les mémoires.

Les entrepreneurs n'avaient fait que 5 p. 100 de rabais en moyenne ; ce souvenir causera bien des regrets à ceux d'aujourd'hui.

CHAPITRE VI

1865. — Le curé, appuyé par le maire, demandait à installer à Alfort une école de frères, et à remplacer à Maisons, par les mêmes maîtres, l'instituteur laïque; l'une et l'autre de ces propositions furent repoussées par le conseil; reproduites à diverses reprises, elles eurent toujours le même sort.

Le 20 août 1865, eut lieu l'inauguration officielle de la mairie et des écoles, sous la présidence de Mgr Darboy, archevêque de Paris, et, en même temps, la distribution des prix.

Dans un discours contenant, comme toujours, d'excellentes choses, le maire, à côté de bons conseils aux enfants, faisait entrevoir les bienfaits prochains devant résulter de l'établissement d'égouts, de l'installation de l'eau et du gaz, de l'amélioration des chemins, de l'extension de l'instruction, etc.; progrès considérés alors comme but final à atteindre et réalisés en grande partie aujourd'hui.

D'autres buts, semblant tout aussi éloignés et plus difficiles à atteindre, se sont dressés depuis; ils seront atteints, pour être remplacés à leur tour.

Une plaque en marbre, placée au premier étage dans l'ancienne salle des séances, devenue plus tard bibliothèque, mentionne cet événement.

La première mairie, qui venait d'être désaffectée, avait duré trente années; la seconde en dura trente et une.

Lors de l'installation des enfants dans les nouvelles écoles, une pétition signée de 226 électeurs, protestant contre la délibération du conseil municipal qui maintenait les religieuses à l'école des filles, fut envoyée au préfet de la Seine ; elle n'eut pas de suite.

Ce qui démontre une fois de plus que l'opinion peut varier selon les circonstances, même pour les hommes les plus convaincus, c'est que l'un des principaux initiateurs de cette pétition, arrivé plus tard au pouvoir, combattit, par raison d'économie, un vœu pour la laïcisation.

1866. — La Compagnie des eaux, qui avait canalisé Alfort, parce que c'était le passage de ses tuyaux, n'allait toujours pas à Maisons, faute d'abonnés. Afin que les conduites nécessaires fussent enfin installées, la commune consentit une redevance annuelle de 2 033 fr. qui disparut au bout de quelque temps ; puis, l'unique borne-fontaine d'Alfort fut remplacée par une bouche d'arrosage, « la commune devant fournir l'eau pour la propreté des rues, mais non pour les besoins du ménage des habitants ».

La question n'a pas changé. « Abonnez-vous, dit la Compagnie, et je poserai des tuyaux. — Posez des tuyaux, et je m'abonnerai », répondent les habitants. Pour faire le bonheur de l'une et des autres, il faudrait que la commune payât la conduite à la Compagnie, et fournît l'eau aux consommateurs ; ce serait peut-être un peu trop ruineux pour le budget.

La construction de la sacristie, telle qu'on la voit aujourd'hui, avait été décidée, ainsi que l'établissement d'un square sur la place ; la dépense était évaluée tout d'abord à 31 362 francs ; après revision, elle ne devait tout plus être que de 29 534 francs. Chose phénoménale, elle n'atteignit que 17 515 francs, laissant un boni de 12 019 francs ; c'était si imprévu, que l'entrepreneur avait touché avant règlement 9 704 francs en trop ! On ne put faire rentrer cette somme que sous forme de travaux.

Le square avait été installé, mais vu l'impossibilité de le faire respecter par les gamins du quartier, il disparut rapidement, et fut remplacé par une plantation d'arbres qui eut le même sort.

Comme il n'y avait toujours pas d'école à Alfort, un service de voitures fut établi pour aller chercher les enfants de ce quartier.

Il y eut en 1866 trois inondations successives, qui arrêtèrent pendant quelque temps l'essor d'Alfortville. Des maisons et des murs furent renversés, des mobiliers perdus ; les clôtures des terrains, la plupart en bois, flottaient de tous côtés ; ce fut rapidement oublié, et l'eau était à peine retirée qu'on bâtissait de plus belle.

1867. — M. Duruy, ministre de l'instruction publique, ayant provoqué pour la seconde fois une enquête au sujet de l'institution de la gratuité dans les écoles communales, le conseil municipal donna de nouveau un avis défavorable. Chose rare, ce ministre allait plus vite dans la voie du progrès que ses administrés.

1868. — Afin d'assurer l'écoulement des eaux qui allaient croupir dans les mares au bout du pays, on commença l'égout qui va de ce point à la Marne, au-dessus du pont, ainsi que celui de la rue des Iles. Ce sont les premiers qui assainirent Maisons. En dehors de l'égout de l'École, il y en avait un à Alfort depuis la construction du pont.

Le pain était vendu 50 centimes le kilo ; la taxe en fixa le prix à 51 centimes, une subvention était allouée aux boulangers en compensation de la perte de 1 centime qu'ils subissaient, afin que leur prix de vente restât le même.

Jusque-là, un seul maître d'école avait suffi, mais la population augmentant, il fallut lui donner un adjoint, auquel on alloua un traitement net de 1 200 francs par an. Le directeur touchait 3 000 francs, plus le logement et un jardin. Les trois institutrices religieuses touchaient chacune 500 francs.

Il y avait un garde champêtre ; mais, ainsi que le porte une délibération, « en considération de la présence bien rare des agents à Maisons, qu'un seul homme actif et intelligent pourrait remplacer », il fut décidé de nommer un *appariteur*, auquel on donna un traitement annuel de 1 000 francs.

D'après ce qu'on vient de lire, les rapports entre la police, sans doute insuffisante et mal organisée, étaient loin d'être parfaits ; plus tard, on refusa même de voter le paiement des frais. Fort heureusement, cet antagonisme n'a pas duré, et la situation s'est considérablement améliorée.

1869. — Le succès du morcellement d'Alfortville avait tenté les spéculateurs ; le service des *Bateaux-Mouches*, nouvellement installé, commençait à amener la foule des Parisiens; le Parc Saint-Georges, les terrains de maraîchers en face l'École d'Alfort, et enfin le Château-Gaillard furent mis en vente par lots, et des rues nouvelles y furent tracées.

1870. — La vente des propriétés que nous venons d'indiquer marchait très bien, quand survint la guerre, qui arrêta toutes ces opérations.

Au mois de juillet, le maire prit l'initiative de l'organisation d'une *Caisse nationale patriotique*; ce fut le dernier acte important de l'administration de M. Véron, qui quitta le pays pour n'y plus revenir.

A ce moment, il y avait 84 enfants de la commune sous les drapeaux.

Le 3 septembre, eut lieu l'installation d'un nouveau conseil (loi de l'Empire, du 21 mai 1855). M. Bourguignon, adjoint, présidait à cette installation. Étaient en exercice : MM. Guénot, Bourguignon, Claude (Félix), Simon, Mahérault, Gorin, Magnan, Jouët (Albert), Debrye, Philippot (Pierre), Léonard (Auguste), Ponty fils, Bernard (Bienvenu), Picot (Jules), Demartelet, Lagoutte, Gaidelin (Lamy), François, Laruelle, Pollé, Dessaignes. Cinq conseillers étaient absents.

On procéda à la prestation du serment de fidélité à l'empereur : deux conseillers, MM. Philippot et Ponty, refusèrent et se retirèrent ; M. Gorin démissionna aussitôt ; quatorze ont signé le procès-verbal.

Le lendemain, la République était proclamée, et peut-être en fut-il, parmi ceux qui la veille avaient juré fidélité à l'empereur, qui applaudirent bruyamment à cette proclamation.

A Maisons, deux hommes au moins, restés indépendants, pouvaient sans remords acclamer le gouvernement nouveau.

QUATRIÈME PARTIE

SOUS LA TROISIÈME RÉPUBLIQUE

CHAPITRE PREMIER

Le 7 septembre 1870, le conseil fut réuni sous la présidence de M. Bourguignon, adjoint, qui, par suite du départ de M. Véron, avait assumé la direction des affaires municipales.

C'était la première séance sous la République; voici la première délibération :

« Le conseil :

« Considérant qu'il est du plus grand intérêt qu'il soit pourvu à la défense du pays,

« Délibère :

« Il y a lieu de prier le citoyen maire de Paris de vouloir bien autoriser au budget de l'exercice 1870 l'ouverture d'un crédit de 900 francs, pour travaux nécessités pour la défense du pays et la garde de l'abreuvoir d'Alfort. Il serait fait emploi de cette somme par voie d'économie et en régie.

« Fait et délibéré en séance, les jour, an et mois que dessus. Et ont signé les membres présents. »

Treize conseillers étaient présents; pas de signatures.

Cette nécessité de garder l'abreuvoir s'expliquait par le grand nombre de chevaux de l'armée qui s'y rendaient journellement.

25 septembre. — Neuf conseillers présents.

On vote 3 830 francs pour travaux, secours, habillement et équipement de la garde nationale, et la location d'un bureau pour la mairie transférée à Paris (200 fr.).

29 octobre. — Dix présents.

Vote de 800 francs, pour contribuer à l'achat de canons.

12 novembre. — Huit présents.

Vote de 500 francs pour achat de chaussures pour les gardes nationaux.

Pendant ce temps, la guerre suivait son cours, imposant sa part de calamités à notre commune.

Le fort avait été armé de canons à longue portée, qui appuyaient nos troupes ; notamment, dans les combats du Moulin-Saquet, de la Gare-aux-Bœufs, et de Mont-Mesly, détruisant en partie Choisy-le-Roy, occupé par les troupes allemandes.

Fort heureusement, l'artillerie ennemie ne répondit jamais et aucun projectile ne tomba, ni sur le fort, ni sur le village.

Une barricade avait été faite à l'entrée du pays, près l'extrémité des propriétés Lesieur et Lagoutte, des tranchées coupaient les champs, une batterie d'artillerie avait été installée rue de l'Échat, sur le versant dominant la plaine.

Le pont était miné, et, si l'on en croit la légende, il ne dut de ne pas sauter qu'à l'énergie d'un garde national d'Alfort, le lieutenant Perrié, qui, certain jour, s'opposa à ce qu'un officier, délégué à cet effet, mit le feu à la mine.

Les deux routes nationales étaient bordées d'arbres, dont quelques-uns plus que centenaires; le génie militaire, dans le but, paraît-il, de retarder la marche de la cavalerie et de l'artillerie ennemies, en cas de surprise, les coupa et les coucha en travers.

Les parcs, Véron à Alfort et Saint-Georges à Maisons, furent également rasés, afin de ne pas gêner le tir de l'artillerie, et tous les murs des terrains en avant du fort démolis ou crénelés.

Dès les premières apparitions des uhlans, les habitants avaient été invités à quitter la commune, et à rentrer à Paris. On craignait le bombardement, et la suppression du pont. Les récoltes avaient été abandonnées, et l'exiguïté des logements de Paris avait fait laisser la plus grande partie des mobiliers dans les maisons qu'on quittait.

Les troupes, armée régulière, garde mobile et garde nationale, qui étaient cantonnées dans ces maisons ou dans les tranchées, obligées par la rigueur de la température de faire de grands feux, dédaignant les arbres abattus, qu'ils trouvaient trop verts, et qu'il aurait fallu scier et fendre, brûlèrent les menuiseries et les meubles.

Quand des opérations militaires étaient projetées, il était fort difficile de circuler entre Paris et Maisons-Alfort; il fallait des laissez-passer et des visas qu'on n'obtenait pas toujours; aussi, si l'on eût pu prévoir que les craintes relatives à un bombardement ou à la destruction du pont n'étaient pas fondées, il eût été de beaucoup préférable de ne pas quitter le pays, pour aller à Paris s'entasser dans des logements trop petits et malsains, où beaucoup trouvèrent la mort.

L'École vétérinaire avait été transformée en hôpital, plus spécialement affecté aux varioleux; deux cent vingt hommes, mobiles, soldats et gardes nationaux, presque tous de la province, y moururent.

La mairie avait été transférée à Paris, rue de Charenton. Les opérations municipales consistaient surtout en distributions de bons de secours, et en appositions de signatures sur des laissez-passer. Les actes de l'état civil de cette période se réduisent à l'inscription de quelques naissances ou décès survenus dans les familles qui avaient eu le bon esprit de rester chez eux, et à l'enregistrement, par fournées, des décès des soldats en traitement à l'École.

Les jeunes gens de la commune, ne faisant pas partie de l'armée active, furent enrôlés dans le 18e bataillon des mobiles de la Seine, cantonné à Saint-Denis; ils prirent part au combat du Bourget.

Leurs aînés faisaient partie du 51e bataillon de la garde nationale; la compagnie de marche se battit vaillamment, le 19 janvier, à Montretout; le capitaine Mouquet, d'Alfort, y trouva la mort; il repose dans le cimetière de Maisons.

Bien d'autres, dont les noms sont oubliés, succombèrent ce jour-là.

CHAPITRE II

1871. — Au mois de février 1871, le conseil fut réuni ; sept membres étaient présents. Il s'agissait de voter 3 091 francs, pour les dépenses de la garde nationale, la démolition des barricades, le déménagement de la mairie et, enfin, le paiement de l'enterrement des soldats morts à l'École, à raison de 2 francs par homme.

Le 12 mars, nouvelle réunion ; il n'y a toujours que sept conseillers fidèles ; il fallait fournir du chauffage aux troupes allemandes. On décide de couper des arbres dans les parcs de MM. Lesieur, Lagoutte, Dodun et autres, qui avaient été épargnés par le génie, puis on vote l'achat de nouveaux bureaux d'octroi pour remplacer ceux qui ont été brûlés, et on accorde des semences aux cultivateurs.

On constata, tout d'abord, qu'il avait été dépensé jusque-là, à cause de la guerre, 13 588 fr. 90. Il y eut à faire, aux édifices communaux, des réparations qui coûtèrent 21 287 fr. 47 ; en ajoutant à ces chiffres d'autres dépenses, qu'on ne connut que plus tard, on peut affirmer, sans exagération, que la guerre coûta au moins 45 000 francs à la commune de Maisons-Alfort. Pour un budget de 59 000 francs, la proportion était considérable.

Après la reddition de Paris, les troupes allemandes avaient été cantonnées dans toutes les maisons de la commune ; elles se composaient, pour la plus grande partie, de Prussiens et de Bavarois. S'il n'y avait eu que ces derniers, d'un naturel relativement doux, la vie eût été supportable, mais les Prussiens semblaient avoir pris à tâche de rendre leur présence plus odieuse, par les vexations qu'ils infligeaient aux habitants ; et chaque fois que, poussé à bout, un Français se laissait aller à répondre à leurs brutalités, le nombre des occupants était augmenté.

Aussi, au mois de septembre, ce fut avec un immense soupir de soulagement, qu'on assista à leur départ.

La commune subissait un autre envahissement, pacifique celui-là. L'insurrection communaliste avait chassé de Paris tous les hommes qui ne voulaient pas prendre part à la lutte fratricide; il n'était pas un logement et même une pièce qui ne fût occupée par ceux qu'on appelait les *francs-fileurs*.

Un factionnaire allemand montait la garde sur le pont d'Ivry jusqu'au milieu ; Ivry était au pouvoir des Fédérés, et un des leurs gardait l'autre moitié du pont. Plusieurs, abandonnant leurs armes, vinrent se réfugier à Alfortville.

Dans les derniers jours de la Commune, on voyait, la nuit, l'éclair des coups de canons et de fusils percer l'obscurité comme des fusées, et dans la journée, lors de la prise, par les troupes régulières, des forts d'Ivry et de Bicêtre, on put, à l'aide de longues-vues, assister à la lutte finale, et voir sauter la poudrière du fort d'Ivry.

Il nous revient à la mémoire quelques faits locaux de cette triste époque, qui méritent d'être contés :

Beaucoup de cultivateurs s'étaient enfuis, laissant

dans leurs champs des légumes, qui, du reste, pour la plupart, n'étaient pas encore en état d'être récoltés. Des maraudeurs, et à ce moment tout le monde l'était un peu, s'en étaient aperçus, et venaient avec des charrettes faire la récolte à leur profit. Les hommes du poste établi à l'entrée de Maisons, eurent l'idée de profiter de cette circonstance pour améliorer, sans fatigue ni danger, leur maigre ordinaire.

Lorsque des récoltants arrivaient avec leur butin, voici le dialogue qui s'établissait presque toujours: « Où avez-vous pris cela? —Mais, dans mes champs. — Donnez-nous la preuve que ces champs sont à vous, et vous savez, en temps de guerre, le vol est puni de mort. — Je n'ai pas mes titres de propriété sur moi. — C'est bien, allez chercher les justifications nécessaires, et on vous rendra votre marchandise. » Rien qu'à l'aspect des pauvres diables qu'ils avaient devant eux, les questionneurs pouvaient se convaincre qu'ils ne les reverraient pas ; et, pommes de terre et choux allaient échouer à la cuisine de la compagnie.

Malheureusement, la gelée vint rapidement faire disparaître cette ressource.

Nous avons vu un de ces déménageurs, d'une espèce plus dangereuse, loqueteux, et « marquant mal », arrivant à la porte de Charenton chargé d'une superbe glace ovale, qui, à cette question posée : « Où avez-vous eu cette glace? » répondit: « Je déménage, elle vient de ma maison. » — Ce meuble venait de Charentonneau. Malheureusement pour lui, le porteur n'était propriétaire, accidentel et contesté, que de ce qu'il venait de dérober.

Pendant l'occupation prussienne, un ancien turco, qu'on ne connaissait que sous ce nom, était établi marchand de vins, rue de Créteil, à Alfort. Son modeste établissement avait surtout pour clients les soldats étrangers; quoiqu'il les servît, il ne les aimait guère. Un jour que ceux-ci faisaient un peu plus de tapage qu'à l'ordinaire, il en houspilla fortement quelques-uns; il était resté maître du terrain, mais, un instant après, une escouade venait le chercher, pour qu'il eût à répondre de ce méfait devant l'officier chargé de la police. Il s'échappa en route et s'enfuyait du côté de Charenton, quand sur le pont, serré de près, et se voyant cerné, il n'hésita pas à plonger dans la Marne. Malgré qu'il nageât fort bien, comme il fallait toujours aborder, il fut cueilli à ce moment par ses ennemis. On l'interna dans les combles de la maison Perrié transformés en prison; il y resta quelques jours; habitué au grand air, il avait adopté comme promenoir le chénau qui passait devant sa fenêtre. Son cas n'ayant pas été jugé très grave, il fut remis entre les mains du commissaire de police de Charenton, qui l'envoya hors des lignes d'occupation.

Nous avons dit que les francs-fileurs occupaient en grand nombre notre région; le gouvernement de la Commune, voulant faire cesser cet état de choses, envoya, sur une canonnière, un de ses officiers, pour tâcher d'obtenir de l'autorité militaire allemande l'autorisation de saisir ces citoyens peu zélés. La canonnière fut amarrée au ponton des bateaux-omnibus et la délégation se rendit au fort pour exposer ses revendications. Non seulement elle n'eut pas gain de cause, mais par surcroît de malheur, elle dut laisser entre les mains des Allemands ses armes et celles qui étaient sur la canonnière, notamment, dit-on, un canon, nul ne devant pénétrer avec des armes sur le territoire occupé.

Si les maisons avaient été en partie démolies par les troupes françaises, elles furent souillées de toutes les façons par les Allemands ; lorsqu'ils les quittèrent, une véritable désinfection devint nécessaire. Certaines personnes ne voulurent plus les habiter, notamment M. Camille Rousset, l'académicien, qui avait une maison de campagne sur le quai d'Alfort.

Voici le résumé du budget de 1871.

Budget de 1871.

RECETTES.

Recettes diverses ordinaires	46.403fr,95
— extraordinaires	12.901 »
Total	59.304fr,95

DÉPENSES.

Administration communale	4.119fr,00
Service de police, contingent	1.105, 52
Gardes, gardiens, appariteurs, surveillants	1.980 »
Service de l'octroi	8.540 »
Agent voyer	530 »
Entretien de la maison commune	780 »
Entretien des chemins et ponts	6.150 »
Secours contre l'incendie, pompiers	300 »
Entretien du cimetière	100 »
A REPORTER	23.604fr,52

REPORT	23.604fr,52
Assurances d'immeubles	50 »
Éclairage	2.600 »
Enlèvement des boues, balayage	1.800 »
Malades, aliénés, enfants assistés	1.100 »
Curage des égouts	100 »
Frais de perception des impositions	2.315 »
Achats de terrains pour alignements	1.000 »
Abonnement aux eaux	1.700 »
Canalisations supplémentaires	1.000 »
Enlèvement des glaces et neiges	200 »
Garde nationale	605 »
Secours aux voyageurs indigents	50 »
Traitement du personnel des écoles	6.375 »
Divers	2.304 »
Cultes	900 »
Fêtes publiques	800 »
Dépenses imprévues	500 »
Dépenses extraordinaires (écoles, égouts)	12.301 »
Total	59.304fr,52

Il restait un boni de 43 centimes.

Si on le compare sommairement avec celui de 1856, le dernier que nous ayons donné, on constate la progression considérable qui s'était produite en quinze ans : de 10 340 francs, on était arrivé à 59 304 francs.

L'essor considérable qu'avait pris la commune, était naturellement la cause de cette progression. Tous les services avaient augmenté, mais surtout le traitement du personnel des écoles, qui de 950 francs en 1856, était prévu, pour 1871, à 6 375 francs.

Le cimetière devenait trop petit; M. Jouët donna pour l'agrandir un terrain de 4 055 mètres, avec réserve d'une concession pour l'inhumation de sa famille.

Les habitants d'Alfortville, mettant en pratique ce précepte trop méconnu, que nous traduisons ainsi : *Aide-toi, la commune t'aidera*, avaient installé une école pour leurs enfants ; il leur fut accordé pour achat du mobilier, 200 francs de subvention.

Le 13 août, un nouveau conseil fut élu ; il était composé, par ordre d'élection, de MM. Bourguignon, Mazeline, Guénot, Léonard, Laruelle, Demartelet, Gaidelin, Niellon, Debrie, Jouët, Philippot, Claude, Bernard, Blandet, Perrié, Magnant, Denoailly, Bonnenfant et Avart. Simon et Bon furent élus au second tour de scrutin ; en tout 21 membres.

M. Bourguignon devint maire, MM. Claude et Simon adjoints.

Quelque temps après, sur la proposition du maire, la gratuité de l'enseignement fut votée, et les écoles d'Alfortville devinrent communales.

Un nouveau morcellement commença ; la propriété de M. Véron, située à Alfort entre la Grande-Rue, la Marne et la rue du Pont-d'Ivry, fut mise en vente à son tour, par lots. On prolongea au travers, les rues Bourgelat, de Villeneuve et Véron, qui de cette façon aboutirent à la Marne.

A la même époque, le château de Reghat, appartenant à M. Lagoutte, fut acheté par une société siégeant à Vienne (Autriche). On y installa une usine pour la fabrication de l'alcool de grains et de la levure, nous en reparlerons plus loin.

CHAPITRE III

1872. — Le traité actuel avec la Compagnie du gaz, finissant en 1905, est voté, après une menace de la Compagnie, si on n'en termine pas, de cesser d'éclairer Alfort, qui l'était toujours seul.

On commence à afficher le résumé des délibérations du conseil, à la porte de la mairie.

L'entrepreneur Rousseau, qui avait construit la sacristie, et reçu 7 704 francs de trop, fut chargé d'édifier les murs du cimetière, sur une prévision de 19 670 francs. C'était un moyen, pour la commune, de rentrer dans sa créance.

Le chemin de l'Échat fut enfin classé comme vicinal de grande communication, et le service des ponts et chaussées replanta des arbres sur les deux routes nationales.

Un receveur d'octroi, nommé Bastesti, ancien garde de Paris, et ancien capitaine de la garde mobile, fut révoqué et poursuivi pour détournements; d'origine corse, il parvint, croit-on, à gagner le maquis ; on ne le revit plus.

Son chef, le préposé principal, fut également impliqué dans l'affaire pour défaut de surveillance.

1873. — En attendant qu'à Alfort on puisse construire une école, une salle d'asile fut intallée dans un local loué.

Une nouvelle inondation était survenue à Alfortville en 1872 ; le retour périodique de ce fléau étant une cause de réclamations constantes de la part des sinistrés, il fut envoyé 1 000 lettres aux habitants, pour les prévenir de la fréquence des inondations dans cette partie de la commune.

Cette idée est au moins bizarre, car on ne leur apprenait rien ; il eût fallu qu'ils fussent avertis de la mauvaise situation de ces terrains avant d'en devenir acquéreurs, ce qui n'était pas facile.

Après décision d'acheter le terrain nécessaire à l'édification du groupe scolaire d'Alfortville, 4 000 mètres pour 18 000 francs, les plans furent mis au concours. Les projets de trois architectes ayant été retenus, on offrit à l'un une prime de 500 francs, à un autre, 750 francs, et enfin, celui de ces projets classé premier, fut choisi pour être exécuté.

Mais, le devis l'accompagnant, qui n'était au début que de 124 260 francs, revint de la revision augmenté à 188 652 francs, ce qui fit réfléchir le conseil.

Aucun des concurrents, sauf, bien entendu, le lauréat, n'accepta la décision du jury ; plusieurs plaidèrent contre la commune et réclamaient des honoraires complets ; l'affaire ne se termina que beaucoup plus tard, par le paiement de certaines indemnités, et la mise à l'écart de tous les compétiteurs.

1874. — On sanctionne l'existence du marché d'Alfort, en décidant de percevoir un droit de stationnement sur les marchands, qui jusque-là y avaient été tolérés gratuitement.

Celui de Maisons est créé sur l'emplacement où il est actuellement.

1876. — La nouvelle Constitution, qui chargeait les conseils municipaux d'élire chacun un délégué pour l'élection des sénateurs, eut pour la première fois son application en 1876. M. Dandalle fut élu.

Son monument, dans le cimetière, porte gravé cette mention : *Premier délégué sénatorial.*

Une inondation, plus terrible que toutes les précédentes, vint couvrir Alfortville et les parties basses de Maisons et d'Alfort.

A Maisons, il y avait de l'eau jusque sur la route de Villeneuve, la place de la Gare en était couverte ; à Alfort, la rue des Deux-Moulins était devenue un torrent et les quais disparaissaient sous l'eau. La rue du Pont-d'Ivry était submergée depuis le carrefour d'Alfort jusqu'au bas du pont. Non seulement les terrains, mais les rues d'Alfortville étaient inondés.

Nul doute que si le chemin de fer et certains remblais n'eussent pas existé, la Marne, retrouvant ce qu'on dit être son ancien lit, ne fût venue se jeter dans la Seine au-dessus de Maisons, comme en 1836, date où, d'après un ancien, on pêchait au bas des vignes de l'Échat, des poissons énormes.

Pour venir en aide aux sinistrés, il fut fait des souscriptions dans plusieurs journaux, notamment dans le *Figaro* et le *Rappel*; le conseil vota 2 000 francs.

Le maréchal de Mac-Mahon, président de la République, vint sur place se rendre compte de l'importance des dégâts et laissa également une grosse somme.

On dit à Alfortville, mais nous n'en croyons rien,

que c'est à cette occasion que fut prononcé le discours fameux : *Que d'eau ! Que d'eau !*

Le terrain sur lequel devait être édifiée l'école était lui-même recouvert de $1^{m},85$ d'eau.

La vitalité d'Alfortville était si grande, qu'à peine cette eau retirée, on recommençait à construire, comme s'il ne se fût rien passé d'extraordinaire.

Ici, commence l'ère des grands projets et des discussions orageuses. Un de ces projets prévoit une dépense de 484 970 francs, un autre 508 336 francs ; tous deux comportaient un groupement de travaux de toutes sortes ; ni l'un ni l'autre ne fut exécuté en entier.

CHAPITRE IV

Du temps de M. Dodun, l'ordre du jour des séances, arrêté à l'avance, n'était jamais modifié ; les procès-verbaux et les délibérations étaient rédigés avant la réunion ; on n'avait qu'à approuver et à signer, après avoir ajouté entre lignes, dans un espace réservé à cet effet, les noms des conseillers présents. Il fallait être bien sûr de la majorité. Il arrivait pourtant quelquefois que le procès-verbal étant écrit, la réunion n'avait pas lieu ; alors, on barrait et on mettait au-dessous : « Ce procès-verbal a été annulé, la réunion n'ayant pas eu lieu. » Quand il y eut un secrétaire, il n'en fut plus ainsi : les procès-verbaux se faisaient après, mais on n'y inséra tout d'abord que les décisions, et non les discussions, si toutefois il y en avait.

Au moment où nous en sommes, et depuis quelque temps déjà, l'accord étant loin de régner dans le conseil, les procès-verbaux de ses séances s'en ressentent.

Les conseillers d'Alfortville s'impatientant de voir qu'on ajournait constamment les projets d'écoles, et tout ce qui intéressait leur quartier, démissionnèrent au nombre de six. La majorité protesta de ses bonnes intentions et vota définitivement l'exécution du groupe scolaire d'Alfortville, sur les plans de M. Joliet, architecte. Un premier devis de 139 075 francs fut porté après revision à 203 619 francs. On ne dépensa que 153 000 francs, rabais déduit.

Du concours et de l'architecte qui en avait été le lauréat, il ne fut plus question que pour payer les primes et les honoraires.

Un terrain situé rue du Pont-d'Ivry, à Alfort, acheté à cette époque, pour y construire des écoles, fut revendu, après la séparation d'Alfortville.

En exécution d'une loi spéciale, les corps des soldats morts à l'ambulance de l'École, pendant la guerre, furent réunis dans une seule tombe pourvue d'un entourage en fer d'un modèle uniforme. La commune fit les frais de la pierre tumulaire ; comme nous l'avons dit plus haut, 220 jeunes gens avaient succombé pendant l'année terrible dans cet hôpital improvisé.

En 1890, la disposition de cette sépulture ayant été modifiée sans autorisation, il fallut rembourser à l'État 4 080 francs, prix du terrain qui en avait été retranché.

Plus tard, les conscrits eurent cette patriotique pensée d'y apporter chaque année le drapeau qu'ils suivent en se rendant au tirage.

De l'autre côté du cimetière, on fit aussi une tombe de moindres dimensions pour les soldats allemands morts pendant l'occupation; quelques-uns de ceux-là avaient été tués dans le fort en déchargeant une mine. Ils furent tout d'abord enterrés à l'entrée de l'avenue du Château-Gaillard, près la route de Créteil, d'où ils furent exhumés pour être transportés au lieu qu'ils occupent encore aujourd'hui.

1877. — Le syndicat qui devait faire les rues d'Alfortville se constitue.

A l'aide de nombreux dons, l'on fonde à Maisons une bibliothèque-musée.

La question des chemins d'Enfer et de Charentonneau, enfermés dans le domaine, et revendiqués par la commune comme voies publiques, revient sur l'eau à la suite de la fermeture permanente de la grille établie sur la route de Créteil.

Un procès fut engagé, la commune le perdit.

1878. — Un nouveau conseil nomma M. Faitot maire, MM. Philippot et Dandalle adjoints; la même année, M. Faitot démissionna, M. Philipot fut appelé à le remplacer.

M. Nocard, professeur à l'École vétérinaire, devenu plus tard l'un des plus distingués collaborateurs de l'illustre Pasteur, fut à cette époque, pendant environ un an, membre du conseil municipal.

1879. — Le conseil vote l'adresse suivante à M. Grévy :

« Monsieur le président,

« Le conseil municipal de Maisons-Alfort, interprète des sentiments de la population, est heureux de s'associer aux félicitations qui vous arrivent de toutes les parties de la France, à l'occasion de votre élévation à la présidence de la République, et de vous témoigner la satisfaction qu'il éprouve de voir à la tête du pays l'homme honnête et convaincu qui saura conserver au pays le gouvernement qu'il s'est donné et lui rendre la paix, le travail et la liberté. »

Une somme de 500 francs fut, pour la première fois, allouée au maire, sous la rubrique remboursement de frais de voitures.

M. Denoailly, préposé principal de l'octroi, venait d'être révoqué ; même mesure fut prise à l'égard du secrétaire de la mairie.

Certains volumes de la bibliothèque fondée sous l'administration précédente, ayant un caractère religieux, ou jugés comme tels, notamment une Bible fort ancienne, furent brûlés comme *mauvais livres*. Le traitement du vicaire fut supprimé, les manifestations religieuses interdites dans les rues et, enfin, les emblèmes du culte enlevés des écoles.

Ces diverses décisions étaient le contre-coup, dans la commune, des événements politiques qui avaient agité la France. M. Bourguignon, maire non réélu en 1878, professait des sentiments catholiques très accentués qui, malgré les services rendus, avaient certainement motivé sa chute ; d'autre part, on n'avait pas cru à son *ralliement* à la République.

M. Faitot, qui lui avait succédé pendant fort peu de temps, ne parut pas encore assez éloigné des idées du régime qui venait de succomber.

M. Philippot, qui prenait les rênes de l'administration municipale, républicain de vieille date, et libre penseur convaincu, s'appliqua aussitôt à mettre en pratique les idées qu'il professait. Comme toujours, lorsqu'il se produit des changements aussi radicaux dans un état de choses, il y eut des résistances ; il n'hésita pas à les briser.

CHAPITRE V

1880. — Les négociations pour le rachat du péage du pont d'Ivry duraient depuis 1876, l'affaire se termina en 1880. Maisons-Alfort fut imposé pour 83 000 fr. payables de 1881 à 1901 en vingt annuités de 4 150 francs, tandis que 42.000 francs seulement étaient demandés à Ivry. Malgré d'énergiques protestations, il fallut s'incliner.

On commença à classer les rues d'Alfortville dans la voirie communale.

La bibliothèque de Maisons fut définitivement installée, après avoir été *épurée*, et l'idée d'un musée mise de côté. Ce qui reste de la collection ébauchée renferme des objets d'une réelle valeur, indiquant qu'il y eut dans ce sens un effort sérieux, mais sans utilité pratique, en raison du voisinage des incomparables musées de Paris.

Après bien des vœux dans ce sens, une institutrice laïque vint remplacer les sœurs à l'école de Maisons ; quelque temps après, une école libre de garçons, recevant une subvention de 1 000 francs, fut ouverte à Alfort.

1881. — Comme chaque fois que la majorité commence à s'éloigner du chef de la municipalité, les séances du conseil devenaient tumultueuses ou n'avaient pas lieu, faute d'un nombre suffisant de membres présents.

Dans l'un des procès-verbaux, on trouve reproduite, tout au long, une discussion au cours de laquelle le mot qui contribua à immortaliser Cambronne figure en bon rang, avec d'autres du même genre.

M. Philippot, réélu en janvier 1881, démissionna en juillet et fut remplacé, à la suite d'élections complémentaires, par M. Busteau.

Après constatation d'un immense désordre dans l'administration communale, on révoqua le secrétaire de la mairie, pour *irrégularités* et *négligences* dans ses comptes ; les affaires en souffrance furent liquidées et les dettes qu'on avait laissé accumuler, payées.

Une école primaire complète fut installée à Alfort dans une maison en location.

1882. — La Caisse des écoles, à l'étude depuis longtemps, fut définitivement fondée.

Un procès d'octroi monstre, d'une justice contestable, fut commencé contre la Cie P.-L.-M. ; il ne devait se terminer que beaucoup plus tard, après épuisement de toutes les juridictions, par la condamnation de celle-ci, à un versement considérable, au profit de la commune et de l'employé saisissant.

Par contre-coup, il fut une des causes de la chute de M. Busteau.

Une nouvelle inondation, presque aussi forte que celle de 1876, eut lieu; elle fut d'autant plus dangereuse, que la majeure partie de la plaine était déjà couverte de maisons que leurs habitants n'avaient pas voulu quitter. Il fallait leur porter des aliments à l'aide de bateaux. Il n'y eut fort heureusement, malgré cela, et grâce aux mesures prises, aucun accident de personnes.

Mais, par contre, les incidents comiques ne manquèrent pas, tels que les bains froids involontaires et la navigation dans toutes sortes d'esquifs, parmi lesquels le baquet dominait.

1883. — La section d'Alfortville, qui n'obtenait pas toutes les satisfactions auxquelles elle croyait avoir droit, s'était décidée à s'ériger en commune distincte.

Une commission d'initiative s'était formée et avait nommé M. Meynet son président : l'affaire était en bonnes mains. Un premier avis ayant été demandé au conseil, il réunit seize voix favorables ; c'était la première étape.

A l'instar de Paris, on organisa des bataillons

scolaires ; fusils et uniformes furent achetés ; on joua aux soldats. Cette mode dura douze ans.

Les bâtiments destinés à recevoir l'école des garçons à Maisons, furent commencés sous la direction de M. Renault, architecte ; terminés et inaugurés l'année suivante, ils coûtèrent 155 398 francs, somme inférieure aux devis primitifs, ce qui, comme nous l'avons déjà constaté, est un fait extrêmement rare, et qui fait honneur à l'architecte.

Pendant la période qui venait de s'écouler, la régularité avait été apportée dans les comptes de la commune, et de nombreuses améliorations entreprises ; mais en dernier lieu, le budget se ressentit du vote de bien des dépenses non couvertes par des recettes ; aussi, le conseil qui remplaça celui qui achevait son mandat se vit-il obligé, afin de pouvoir joindre les deux bouts, d'ajouter bon nombre de centimes additionnels à ceux existants.

Nous avons dit que le conseil finissait son mandat ; à cause de cela sans doute, les édiles désertaient les séances ; il y en eut trois successives, où respectivement, deux, puis six, et encore six seulement se rendirent. Leur publicité a eu au moins ce bon côté, de contribuer à faire disparaître un semblable oubli du devoir.

1884. — A la suite des nouvelles élections, M. Durst devint maire. MM. Mignard et Hennequin adjoints.

Par une délibération, votée cette fois à l'unanimité, le conseil donna un avis favorable à l'érection en commune de la section d'Alfortville ; en attendant, il y fut installé un bureau de poste.

Les séances du conseil devenant publiques, l'ancienne salle servant à ses réunions était trop exiguë ; on affecta à cet usage une classe devenue sans emploi.

L'inauguration et la prise de possession de la nouvelle école des garçons eurent lieu.

L'acquisition, par voie d'expropriation, du terrain nécessaire à l'agrandissement du cimetière fut décidée.

Il fut fait emplette d'un tonneau d'arrosage et d'une balayeuse ; ce détail a l'air puéril, mais nous estimons qu'il a son importance, comme indication de l'amélioration successive des services.

Une brigade de gendarmerie, réclamée depuis longtemps, vint enfin s'installer à Maisons.

A remarquer en passant, que l'enseignement du chant était en grand honneur dans nos écoles ; le professeur spécial touchait 1 500 francs par an.

1885. — Les dépenses de l'enseignement ont suivi naturellement la progression de la commune. En 1885, il y avait trente-quatre maîtres, maîtresses et femmes de service dans les écoles, et leurs traitements s'élevaient à 64 200 francs, plus 300 francs pour chaque indemnité de logement.

Il est bon de dire que la commune, qui disposait alors des centimes spéciaux affectés à ce service, payait la totalité des traitements.

La séparation, avec Alfortville, devint définitive le 1er avril 1885 ; le décret fixant la création de la nouvelle commune sera reproduit plus loin.

Le dernier budget avant la séparation se chiffrait par 224 982 francs de dépenses et 226 398 francs de recettes, comportant 51 centimes pour insuffisance de ressources.

Par suite de la division de la commune, le conseil municipal dut être renouvelé. M. Durst fut réélu maire, MM. Hennequin et Bernard adjoints, ce dernier remplaçant M. Mignard, d'Alfortville.

Dans le nouveau conseil de Maisons, venait d'entrer M. Barrier, professeur à l'École d'Alfort ; — aujourd'hui (1898) vice-président du conseil général de la Seine ; — qui, pendant les quatre années qu'il appartint à l'assemblée communale, déploya le même dévouement et la même activité qu'il devait mettre plus tard au service du département et du canton.

CHAPITRE VI

Le nouveau budget pour 1886, forcément réduit par l'amputation de la commune, s'équilibra à 155 128 francs, avec 38 centimes pour insuffisance de ressources.

1886. — A la suite d'un rapport très documenté présenté par M. Barrier, la construction du groupe scolaire d'Alfort fut décidée, sur le terrain où il existe, et qui avait fait partie d'un jardin où M. Ildefonse Rousset, fondateur du *National*, avait installé autrefois une sorte de ménagerie et de jardin botanique.

Le projet choisi par le conseil était dressé par MM. Chausson et Cardot, architectes; les devis, qui avaient été arrêtés à 126 297 francs, furent largement dépassés, et la dépense définitive atteignit 221 125 francs.

Pour l'acquisition du terrain, il fallut avoir recours à l'expropriation, le prix en fut fixé par le jury à 13 fr. 16 le mètre.

La rue Paul-Bert fut percée, pour faciliter l'accès à la nouvelle école. C'est à ce moment que le terrain de la rue du Pont-d'Ivry, devenu sans emploi, fut revendu.

Les procès-verbaux des séances, à cette époque, se ressentent d'un antagonisme entre Maisons et Alfort, qui remplaça celui existant auparavant avec Alfortville. Ils sont remplis de longs rapports, parmi lesquels il en est un de M. Barrier, montrant dans l'avenir le morcellement de Charentonneau, aujourd'hui en cours, venant modifier l'équilibre des forces électorales. M. Saguet, le leader du camp adverse, y répondit par un autre non moins éloquent.

1887. — En attendant l'installation, souvent réclamée, de tramways, un service de voitures est installé entre Maisons et Alfort, remplaçant celui fait autrefois par la Compagnie générale, qui alternait par la route de Créteil et celle de Maisons.

Ce service, qui fonctionne encore, comporte un départ chaque heure, dans les deux sens au prix de 0 fr. 15. Une subvention annuelle de 3 500 francs, d'abord accordée, fut ensuite portée à 5 000 francs.

Lorsque, dans un avenir que nous espérons prochain, des tramways à traction mécanique sillonneront la commune, on rira, en songeant que de 1887 à 1899, et peut-être au delà, on était bien aise de se faire voiturer dans ces conditions.

1888. — Le marché établi à Maisons, sur un terrain voisin de la mairie, qui périclitait par suite d'une mauvaise gestion, fut concédé à un nouvel entrepreneur, qui l'édifia à ses frais, sur le modèle réduit des marchés de Paris, tel qu'on le voit aujourd'hui, ses agrandissements successifs n'en ayant modifié que la surface.

La redevance annuelle est de 2 200 francs.

Son emplacement était occupé autrefois par une ferme, qui, avant la Révolution, a appartenu au marquis de Chambray.

L'espèce de conflit d'intérêts, qui existait entre Maisons et Alfort, avait amené la fondation, dans ce dernier quartier, d'un groupement qui s'intitula : *Ligue des intérêts d'Alfort*, et avait pour devise : *Alfort et son droit.*

Le fondateur et premier président fut M. Turgard, vieux lutteur républicain, homme d'un esprit juste et éclairé, qui avait été précédemment adjoint, sous l'administration de M. Philippot, avec lequel il faisait fort mauvais ménage.

Cette ligue avait pour but, comme son titre l'indique, de défendre les intérêts de la section d'Alfort, et ce, en laissant de côté toute question politique ou religieuse. L'auteur de ce livre fut ensuite placé à sa tête, puis M. Berne, instituteur, et elle disparut.

Maisons avait fondé également une ligue du même

genre, elle n'eut qu'une vie encore plus éphémère que sa rivale.

De nouveaux terrains avaient été livrés à la spéculation : en 1876, le *Champ Corbilly*, dépendance du domaine de Charentonneau, et en 1879, un vaste enclos situé à Alfort, au lieu dit *le Moulin-Neuf*, ancienne terre de la ferme de Maisonville, sur lequel M. Renard créa une sorte de village en miniature, qui porte aujourd'hui son nom.

Le 28 octobre, le groupe scolaire d'Alfort étant à peu près terminé, l'inauguration eut lieu sous la présidence de M. Lockroy, ministre de l'instruction publique. « Premier élu de Paris, et aussi de Maisons-Alfort », ainsi que lui dit le maire dans son allocution, M. Lockroy prononça, à cette occasion, un magistral discours sur l'enseignement et ses conséquences, au point de vue du progrès des idées républicaines.

Un auditeur s'était offert pour sténographier ce discours ; on avait accepté, et, comptant sur lui, on en avait informé l'orateur.

Le lendemain, le ministre téléphona pour demander communication, avant publicité, de son improvisation ; le sténographe fut recherché, il n'avait rien fait. Ne voulant pas, tout d'abord, avouer sa négligence, on réunit à la mairie un certain nombre de personnes pouvant aider à reconstituer le morceau d'éloquence ministérielle ; mais devant la diversité des rédactions proposées, on se décida à dire la vérité, et le discours ne fut pas imprimé.

M. Poubelle, préfet de la Seine et M. Lafont conseiller général, assistaient également à cette inauguration et prirent successivement la parole.

Le soir eut lieu, sous la présidence de M. Defrance, chef du bureau des communes, aujourd'hui directeur des travaux de Paris, un banquet, où les convives se disputaient les rares portions mises à leur disposition par le restaurateur; mais en revanche, fort heureusement, le liquide ne manqua pas.

Pour bien montrer l'esprit qui animait, à ce moment, les habitants des deux sections de la commune, nous relatons un incident comique qui se produisit au cours de ce banquet.

Le premier adjoint, auteur de ces lignes, en fonctions depuis le mois de mai précédent, et qui habitait Alfort, s'était donné la tâche de faire disparaître les divisions dans la population et dans le conseil; dans ce but, à l'issue du banquet, il prononça une allocution qui contenait ceci :

« Des gens mal intentionnés font courir le bruit que les habitants d'Alfort, maintenant qu'ils ont une école, vont vouloir demander la séparation, et se mettre en commune. »

Des convives, électeurs de Maisons, n'ayant entendu, sans doute, que le mot *séparation*, se mirent à crier : Pas de séparation ! Pas de nouvelle commune ! Un violent tumulte, au cours duquel on fut bien près d'en venir aux mains, s'en suivit, empêchant l'orateur de continuer.

Au bout d'un moment, le calme s'étant rétabli, on put entendre la suite que voici :

« Je ne sais pas s'il est, dans notre quartier, des électeurs partisans d'une nouvelle division de territoire, toutefois, je puis affirmer que la très grande majorité, non seulement n'y pense pas, mais serait opposée à cette mesure.

« Il est, du reste, facile à comprendre qu'elle serait contraire aux intérêts de tous, en doublant les frais d'administration, sans augmenter en rien les ressources générales. »

Les applaudissements remplacèrent les protestations, et tout le monde faillit s'embrasser.

Le nouvel édifice, construit conformément aux idées les plus modernes, peut contenir facilement six cents élèves.

C'est en 1889 que fut installé définitivement le marché d'Alfort.

De temps immémorial, les coquetiers de la Bourgogne s'arrêtaient au carrefour d'Alfort, les lundis et jeudis de chaque semaine, pour y vendre du beurre, des œufs, des fromages, des volailles et des lapins. Depuis 1871, petit à petit, d'autres marchands étaient venus se grouper autour d'eux.

La commune, ayant vu là matière à perception, avait tout d'abord chargé un de ses agents de faire payer les places occupées ; une adjudication ayant eu lieu pour l'affermage du marché, un entrepreneur en est devenu concessionnaire, moyennant une redevance annuelle de 2100 francs au début, qui s'élèvera successivement à 2900 puis à 3500 francs ; tous les travaux d'installation, comprenant l'établissement d'un mur de soutènement, couronné d'un garde-corps en fer, des escaliers, et le pavage des trottoirs, furent mis à sa charge.

1889. — Une adresse ayant été envoyée au Président de la République, voici la réponse qui y fut faite :

« Monsieur le Maire,

« M. le Président de la République a reçu le télégramme que vous lui avez adressé, à l'occasion du coup de feu qui lui a été tiré le dimanche 5 mai, lorsqu'il sortait de l'Elysée.

« M. le Président, vivement touché de ce témoignage de sympathie, m'a chargé de vous remercier, en vous priant de transmettre l'expression de sa gratitude au conseil municipal et à la population de votre commune.

« Veuillez agréer, etc...

« Le général Brugère, *secrétaire général de la présidence.*

Signé : « Brugère. »

CHAPITRE VII

La période boulangiste ne fut pas sans agiter Maisons-Alfort. Le conseil municipal, sans prendre une attitude militante, avait laissé voir qu'il était en majorité hostile au mouvement, qui pendant quelque temps entraîna un grand nombre d'électeurs à la suite du général Boulanger.

La population de Maisons, très atteinte par la contagion, manifesta à diverses reprises à ses représentants, qu'ils n'étaient plus en communauté d'idées avec elle ; et, dans une réunion où le conseil rendait compte de son mandat, à propos d'affaires d'octroi, qui n'étaient soulevées que pour la forme, il obtint un vote de blâme ; son premier mouvement fut, à l'instar d'un simple ministère, de donner sa démission.

Les électeurs d'Alfort, sur l'initiative de M. Barrier, voulurent à leur tour entendre et juger le conseil, ce qui fut fait quelques jours après ; l'assemblée communale obtint cette fois un vote de confiance, avec invitation de reprendre sa démission ; c'était, ce qu'on est convenu d'appeler, un repêchage.

L'agitation fut encore entretenue par le renvoi de deux employés de la mairie, motivé par une affaire de bateau-lavoir ; les murs de la commune se couvraient du mot de « démission » ; on ébaucha des duels, il y eut des procès, mais les édiles restèrent inébranlables.

Ce système des *comptes rendus de mandat*, introduit dans la commune par Turgard, ne donne généralement que des résultats médiocres.

Avec la publicité des séances, l'affichage des décisions du conseil, et la communication aux électeurs de toutes les pièces administratives, ces réunions sont devenues inutiles.

En effet, rarement les affaires importantes et sérieuses y sont discutées, mais les adversaires de l'administration municipale s'y donnent le plaisir de la critiquer et de l'attaquer pour des faits insignifiants ; le vote final est trop souvent à la merci de quelques meneurs, ayant recruté et amené tous les mécontents : il y en a toujours.

Ces réunions amènent quelquefois aussi des incidents amusants. L'année suivante, dans l'une d'elles, la formation du bureau ayant été laborieuse et bruyante, le maire et le rapporteur du conseil prirent peur et s'enfuirent, laissant leurs collègues, sans rapport et sans chef.

L'assemblée infligea un *blâme énergique* aux fuyards, qui n'en furent pas plus malades, et accorda des félicitations aux conseillers qui étaient restés à leur poste.

Afin qu'on connaisse l'opinion des électeurs de Maisons-Alfort et d'Alfortville, à cette époque, voici les résultats des élections politiques de 1889, dans les deux communes :

Maisons-Alfort, 27 janvier.

MM. Général Boulanger................ 687 voix.
Jacques, rép. rad................ 345 —

22 *septembre* (1er tour).

Silvy, boulangiste................ 632 —
Baulard, rép. rad. soc............ 332 —
Picaud, révolutionnaire........... 103 —
Brialou, rép. rad. soc............ 100 —

6 *octobre* (2e tour).

Silvy, boulangiste................ 660 —
Baulard, rép. rad. soc............ 518 —

Alfortville, 27 janvier.

Général Boulanger................ 565 —
Jacques, rép. rad................ 394 —

A titre de comparaison, voici les chiffres des élections de 1898 :

	Maisons-Alfort. voix.	Alfortville. voix.
MM. Baulard, rép. rad. soc.	901	938
Rénier, révolutionnaire	449	857
Biès, rép. modéré	374	374

Une tentative de fondation d'un hospice intercommunal, pour le canton de Charenton, qui comprenait encore douze communes, échoua, la plupart voulant l'avoir sur leur territoire.

La taxe de balayage; instituée depuis quelques années, disparut faute de clients ; les rues de l'ancien parc Saint-Georges, à Maisons, et celles du quartier de l'école, à Alfort, furent classées dans la voirie urbaine, comme l'avaient été, quelques années avant, celles de Château-Gaillard.

1891. — Le groupe scolaire d'Alfort attendait toujours l'horloge qui devait remplacer le cadran en bois, sur lequel était marquée, d'une facon immuable, l'heure de l'arrivée du ministre pour l'inauguration (trois heures) ce qui lui avait fait dire, levant la tête, en descendant de voiture : « Je craignais d'être en retard ; je vois qu'il n'en est rien. »

Cette horloge fut enfin posée, et la bibliothèque installée, à l'aide de dons et des subsides communaux.

Les mariages avaient lieu dans une pièce par trop exiguë, et les réunions du conseil se tenaient toujours dans une classe ; il fut décidé que l'on construirait une salle pouvant servir à la fois aux mariages et aux séances ; cette nouvelle installation coûta 24 715 francs.

Le Département, voulant contribuer à orner cette salle, fit don à la commune, moyennant une contribution relativement faible, de peintures murales, dont le prix s'éleva, paraît-il, à 24 000 francs. Une partie de ces toiles, refusées par la commune de Saint-Maurice, représente le canal, avec les scènes qui l'animent ordinairement : hâlage de bateaux et canotage.

Une autre, faite exprès, a l'intention de reproduire le passage d'une noce sur la route de Maisons. Une mère allaitant son enfant, placée au premier plan, semble être là pour indiquer à la mariée ses futurs devoirs.

Une troisième, qui figura au Salon sous le titre : *Hommage au mérite*, contient une série de portraits de personnages locaux, médiocrement ressemblants, groupés sur une estrade ou autour. Le maire, qu'on ne reconnaît qu'à son écharpe, tend les mains à trois jeunes filles vêtues de blanc ; écolières, communiantes ou rosières ? on ne saurait préciser ; il semble seulement qu'elles ont dû être bien sages. Cette dernière toile a été enlevée pour percer les murs et installer une estrade.

1892. — Le quai de Marne continuait à s'effondrer, et la rivière menaçait d'aller lécher les fondations des maisons ; le département entreprit la construction d'un perré, avec l'aide de la commune ; l'année suivante, la viabilité de ce quai fut faite.

1894. — Il fut procédé à l'installation du bureau

de poste d'Alfort, et, un peu après, du télégraphe : ensuite, du téléphone à Maisons.

L'épandage des eaux d'égout, dans la plaine de Créteil, dont on était menacé depuis longtemps, devint un fait accompli, malgré les protestations des représentants des communes et des cantons intéressés.

On y envoya tout d'abord le produit des égouts de Maisons-Alfort et d'Alfortville, avec projet d'y ajouter celui de ceux de Créteil, Charenton, Saint-Maurice, et aussi de deux arrondissements de Paris. On commença également à autoriser, dans la commune, l'application du *tout à l'égout* ; en compensation, pendant les grandes eaux, la pompe de refoulement vide les égouts et défend ainsi les quartiers bas du centre contre les inondations.

Espérons que, quant à l'épandage, on en restera où nous en sommes.

Pendant qu'on contaminait l'air et le sol de la plaine, la Compagnie des eaux commençait, heureusement, à livrer à ses consommateurs de l'eau sinon parfaitement pure, mais tout au moins propre, étant filtrée à travers des couches de sable, avant d'être envoyée dans les réservoirs. On n'est plus exposé, quand on ouvre un robinet, à recueillir de la vase, des vers, et même des débris de poissons.

Le conseil municipal de Maisons-Alfort, qui se maintient toujours dans le mouvement, ne manqua pas de donner sa note dans l'accord franco-russe.

Voici l'adresse envoyée à l'ambassade russe, à la suite de la mort du czar Alexandre III :

« Le conseil municipal de Maisons-Alfort tient à s'associer au deuil général que cause à l'Europe entière, et surtout aux Français, la mort si imprévue et si cruelle de celui qui fut toujours pour la France un ami sincère, et prie M. l'ambassadeur de Russie de vouloir bien transmettre à Sa Majesté l'Impératrice ses sentiments respectueux de condoléances. »

Il y fut répondu :

« L'ambassadeur de Russie prie le conseil municipal de Maisons-Alfort d'agréer tous ses meilleurs remerciements, pour l'expression de ses sympathiques condoléances, qu'il s'est fait un devoir empressé de faire parvenir à leur destination. »

8 novembre 1894.

« *Signé* : MORENHEIM. »

Nous avons déjà parlé du désir qu'on avait, à Maisons, de posséder une place publique ; depuis le temps où on demandait simplement l'emplacement du vieux cimetière, que l'on considérait comme suffisant, bien d'autres projets avaient vu le jour.

Leur diversité, en empêchant un accord entre leurs auteurs, les avait toujours fait échouer.

En 1894, deux groupes de conseillers de Maisons en avaient, chacun de son côté, élaboré de nouveaux, d'une réalisation fort difficile. Au moment où la lutte allait s'engager, entre les partisans de l'un ou de l'autre de ces projets, ou du *statu quo*, lutte dans laquelle les conseillers d'Alfort auraient eu le rôle d'arbitres, survint la proposition d'achat de la propriété Lesieur, qui mit tout le monde d'accord.

On ne songea pas, tout d'abord, à ce qu'il y avait d'imprévoyance et d'illogisme dans l'édification d'une mairie, à laquelle son importance donne un caractère définitif, en un point aussi éloigné du centre de la commune ; ou, du moins, ceux qui y songèrent, furent noyés dans le flot de la majorité, qui voulait « faire quelque chose », et acheter la paix à tout prix.

Et puis, l'affaire se présentait au début comme excellente. La commune pouvait acheter toute la propriété pour 350 000 francs. Mais, grâce à des indiscrétions, et faute d'avoir pris en temps utile certaines précautions, le propriétaire put se dédire et vendre 165000 francs les 19204 mètres, qui comportent le sol de la rue Pasteur, l'emplacement de la mairie, du parc et des communs. Blessé par des jugements portés sur son compte, il imposa une foule de conditions léonines, qui enlevèrent à l'opération ce qu'elle avait de très avantageux au début.

Le nom de Lesieur figure sur la plaque dédiée aux bienfaiteurs de la commune, mais c'est en l'honneur de la mère, qui fut toujours bienfaisante.

Lors de l'acquisition de l'immeuble destiné à l'installation de l'ancienne mairie, il avait été dit qu'il n'y avait presque rien à faire ; on dépensa 178134 francs. Il en fut de même pour la nouvelle : « Nous n'avons qu'à emménager, » dit le maire. La mairie, avec ses annexes et clôtures, a coûté 209000 francs. Il n'avait été prévu que 159641 francs !

Cette acquisition et les travaux qui en étaient

la conséquence, motivèrent un emprunt de 500000 francs, qui, avec les subventions et quelques ressources disponibles, permit de faire la rue Pasteur, le prolongement de celle de la Gare, et d'autres améliorations dans diverses parties de la commune.

Sous le nom de *les Quarante arpents*, un nouveau quartier s'était formé depuis 1890, entre le chemin de fer, le chemin de l'abreuvoir et la propriété Lesieur ; une place de 3 000 mètres de surface était offerte à la commune par le vendeur, M. le général Salanson, à la condition que la rue de la Gare soit prolongée, ce qui venait d'être fait. On se trouvait donc doté, d'un seul coup, d'un beau parc et d'une place de fêtes, malheureusement un peu exiguë, et surtout, trop éloignée du centre.

Le surplus du parc Lesieur, vendu par lots, ajoutait encore une nouvelle série de rues à celles existantes.

CHAPITRE VIII

1895. — Un brave homme, *Auguste Simon*, avait, en mourant, laissé tout son modeste avoir à la commune. Le testament dans lequel il a consigné ses dernières volontés est rempli de pensées généreuses, en voici le résumé :

« Ceci est mon testament écrit et daté de ma main. Moi, Auguste-Savinien Simon, je lègue à la commune de Maisons-Alfort la propriété habitée par moi rue de Mayenne, pour être vendue. L'argent provenant de la vente sera employé en achat de rentes sur l'État, et le revenu accumulé, jusqu'à ce qu'il y ait la somme nécessaire pour faire entrer aux Petits Ménages un vieillard ayant au moins quatre années de résidence dans la commune.

« Il ne devra appartenir à aucune congrégation religieuse.

« On devra commencer par une femme.

« Je laisse également la somme en argent nécessaire pour faire le placement immédiat d'un vieillard.

« Et aussi 1200 francs à la caisse des écoles, pour que le revenu soit employé en récompenses aux enfants, sous forme de livrets de la caisse d'épargne.

« Si les écoles devenaient congréganistes, cette rente irait à l'Assistance publique, et leur reviendrait, le jour où elles seraient de nouveau laïques.

« Il sera donné chaque année, le jour de la fête patronale, une somme de 500 francs à la jeune fille la plus sage, âgée d'au moins vingt et un ans, « désignée par ses compagnes, et acceptée par le conseil municipal ». Elle ne devra appartenir à aucune congrégation religieuse, et ne sera pas obligée de se marier, « le mariage n'étant pas dans tous les goûts. »

Le décès du donateur était survenu en 1888 ; mais les nombreuses formalités administratives avaient empêché, jusque-là, que ses dernières volontés pussent être accomplies.

En 1895, pour la première fois, on put procéder à l'élection de la rosière, ou plutôt des rosières, car les fonds s'étant accumulés, il y avait de quoi en doter quatre.

Comme on l'a vu, le testateur prévoyait l'élection de la rosière « par ses compagnes ». Le maire, interprétant cette indication dans le sens le plus étroit, avait décidé que, seules, les candidates acceptées prendraient part au vote, de sorte que, chose toute naturelle, chacune votant pour elle-même, ce ne fut qu'après avoir épuisé les tours de scrutin réglementaires, que les rosières furent élues, par quatre, trois, et même deux voix.

C'étaient : Mlles Lebeau, Conan, Chétoux et Vernes.

L'année suivante, on procéda autrement ; il fut fait un appel à toutes les jeunes filles majeures, qui eurent à voter pour le choix de la plus méritante, parmi celles d'entre elles remplissant les conditions exigées.

C'était une première application d'un droit électoral pour les femmes.

Au delà de la route de Créteil, sur le chemin de Saint-Maur, au lieu dit *le Buisson joyeux*, on avait aussi tracé des rues, et on bâtissait des maisons. Dans *les Buttes*, — cette reproduction d'une Suisse en miniature, avec ses montagnes, ses lacs et ses précipices, qui après avoir pendant de nombreuses années servi de chantier à des générations successives de carriers, était devenue la promenade favorite des habitants de Maisons, le rendez-vous des amoureux, et où la culture des champignons dans les cavages avait succédé à l'extraction de la pierre, — on commençait aussi à vouloir tracer des chemins, suivant les sinuosités des anciennes charrières d'extraction.

Il se trouve des gens assez amateurs du pittoresque, pour bâtir là des maisons, dont le toit n'atteint pas toujours le sommet des buttes voisines.

Les habitants de la rue de Mayenne avaient déjà demandé, à diverses reprises, à faire partie de la commune de Créteil, le chemin de Saint-Maur qui les rattache à Maisons étant impraticable. Suivant une pétition, « un corbillard y avait versé, lançant la bière sur le sol ». Un projet d'échange de territoires fut fait et approuvé de part et d'autre, Maisons cédant la rue de Mayenne, et recevant une surface un peu plus grande, rue de l'Échat, au lieu dit *l'Orme au chat*. La solution définitive ne devait intervenir que beaucoup plus tard.

1896. — Le 16 mai, à la suite du renouvellement du conseil municipal, M. Durst, qui était maire depuis douze ans, fut remplacé dans sa fonction par l'auteur de ce récit, qui avait été adjoint à deux reprises et faisait partie du conseil depuis huit ans.

Les *grands travaux* s'achevaient et la mairie était à peu près terminée.

Le 12 juillet eut lieu l'inauguration solennelle de la maison commune, sous la présidence de M. de Selves, qui venait de succéder à M. Poubelle à la préfecture de la Seine, M. Barthou, ministre de l'intérieur, qui avait promis son concours, n'ayant pu au dernier moment tenir sa parole.

Le programme était celui de toutes les cérémonies de ce genre : musique, discours, lunch, banquet et bal, le tout agrémenté de pavoisements et d'illuminations.

Une immense tente avait été installée sur la pelouse, derrière le bâtiment principal ; les personnages officiels ayant pris place sur l'estrade, le défilé des discours commença. Nous en donnons quelques extraits, dans l'ordre où ils ont été prononcés.

Le maire, après avoir adressé des paroles de bienvenue au préfet de la Seine, à MM. Alexandre Lefèvre, sénateur, Baulard, député, Gervais, président du conseil général (1), Charles Laurent, secrétaire général de la préfecture de police, et remercié M. Barrier, conseiller général du canton, pour le concours qu'il avait apporté à la commune, afin d'obtenir des subventions, continuait en ces termes :

« Maintenant, puisque nous inaugurons une mairie, il faut bien que nous en causions un peu, parlons aussi de notre commune, la raison d'être de cette mairie.

« Je ne remonterai pas jusque vers l'an 1200, époque où, paraît-il, Maisons existait déjà à l'état embryonnaire. Mais, en 1814, ce n'était déjà plus un embryon ; il y avait sur son sol des hommes ayant au cœur l'amour de la Patrie. Les troupes alliées s'en aperçurent à leurs dépens.

« La défense du pont de Charenton, par les élèves de l'École d'Alfort, fait partie de l'histoire.

« Une tombe et un nom, sous les arbres, dans l'École, apprennent aux générations qui s'y succèdent, la fin glorieuse de Jean Pigeon.

« La mairie est en même temps la tête et le cœur

(1) M. Gervais a été élu député en 1898.

de la commune ; avec elle, elle doit grandir : la nôtre a subi la loi de toutes.

« Dans mon enfance, j'ai connu, à deux pas d'ici, sur la place de l'Église, une modeste maison, qui contenait la mairie, l'école et tous les services communaux ; cela suffisait.

« En 1866, la commune avait grandi, on commençait à penser à l'instruction ; on fit des écoles et on transforma une vieille ferme en maison commune. C'était la mairie que nous allons quitter.

« Il y avait déjà un progrès considérable. Comme je l'ai dit, on avait fait des écoles, on avait aussi installé une bibliothèque. On sentait la poussée en faveur de l'instruction.

« La commune grandissait toujours.

« Dans une plaine qui en dépendait, entre le chemin de fer et la Seine, naissait une nouvelle section : Alfortville.

« Ce rejeton était si vivace, qu'en fort peu de temps, il fut aussi grand que sa mère, et, comme tous les enfants lorsqu'ils se sentent des ailes, il prit son vol.

« En 1885, la commune d'Alfortville était fondée ; elle est aujourd'hui plus importante que la nôtre ; cela fait toujours honneur d'avoir des enfants vigoureux et bien venants.

. . . .

« Y a-t-il rien de plus significatif, au point de vue de l'évolution démocratique, que ces installations fréquentes de mairies, maisons de tous, dans des demeures quasi-princières, dont une seule famille jouissait ?

. . . .

« Merci à tous, qui, invités ou non, êtes venus en si grand nombre assister à cette cérémonie, et contribuer ainsi à en augmenter l'éclat ; vous avez voulu, avec raison, que nos hôtes puissent emporter le meilleur souvenir de la population de Maisons-Alfort et de ses environs, toujours si sage et si dévouée à la République. »

M. Gervais, prenant la parole à son tour, s'exprima ainsi :

« Messieurs,

« Je viens, répondant à votre aimable appel, apporter au nom du conseil général de la Seine, mes félicitations à la commune de Maisons-Alfort, pour l'œuvre aujourd'hui achevée.

« Vous savez avec quel empressement l'assemblée départementale s'associe à ces entreprises par lesquelles doit se fortifier l'action démocratique, et c'est avec une vive satisfaction que le conseil général seconde les efforts des communes, dans tout ce qui peut contribuer à rendre plus facile et meilleure la vie communale.

« C'est par la commune, en effet, qu'on peut apprécier les bienfaits qu'on ne manquera pas de retirer d'une action républicaine et fraternelle.

« La commune, c'est « la plus grande famille ». A elle se rattachent les faits essentiels de notre existence légale, et c'est à la mairie, son expression officielle, que viennent se fixer et s'inscrire les grands événements — heureux et malheureux — de notre vie sociale.

. . . .

« Dirai-je que, en dehors de votre dévouement commun aux intérêts publics, elle a été facilitée par vos qualités, et que votre cordialité, et la franchise qui l'assortit, font ensemble l'agrément et l'utilité de vos rapports. Dirai-je que votre conseiller général est un républicain ardent ; que ses convictions sont secondées par une intelligence active et éclairée, un caractère probe, un dévouement toujours en éveil, une autorité scientifique incontestée, et que la fidélité chez l'homme politique n'a d'égale que la sûreté chez l'ami.

. . . .

« Et c'est pourquoi je viens ici vous apporter le témoignage de notre amicale sympathie, et vous dire que nous nous réjouirons toujours de vous aider dans vos œuvres, servant avec vous et par vous la cause républicaine et démocratique. »

Puis M. Barrier :

« Mes chers concitoyens,

« Permettez-moi de joindre mes plus vives félicitations à celles que les orateurs précédents viennent si justement d'adresser à la population de Maisons-Alfort, à son conseil municipal, aux organisateurs de cette fête.

« Mon vœu le plus ardent est que votre nouvelle mairie demeure, plus encore que l'ancienne, le sanctuaire de vos libertés, de vos franchises ; qu'elle n'abrite jamais que des administrateurs intègres, de sincères défenseurs de la démocratie et de la République ; que, née du concours de tous, elle reste toujours le symbole de votre union, de votre solidarité, aux heures de tristesse ou de joie.

« Je remercie bien affectueusement mes excellents amis, M. le maire de Maisons-Alfort et M. Gervais, président du conseil général, des paroles flatteuses dont ils ont bien voulu m'honorer.

« Tout autre que moi, croyez-le bien, vous eût aidés avec le même empressement, le même dévouement, beaucoup mieux peut-être, car, en essayant de faire mon devoir, il me reste toujours quelque crainte de ne pas avoir assez servi vos intérêts comme ils méritaient de l'être.

. . . .

« La présence de l'un des plus sympathiques conseillers suburbains, de l'un des meilleurs d'entre nous, à la tête du conseil général est, en même temps qu'un grand honneur, d'un excellent augure pour la banlieue. Nous avons voulu y voir le signe que Paris consent, plus que par le passé, à faire avec nous l'indispensable, pour assurer la prospérité de sa ceinture suburbaine appelée dans l'avenir à être terre parisienne ; que, ce faisant, c'est encore bien travailler pour lui que de mieux travailler pour nous.

. . . .

« Je tiens à remercier, à mon tour, M. le Préfet de sa promesse d'être des nôtres aujourd'hui et, qui mieux est, de s'être souvenu de la parole donnée.

« Nous lui sommes reconnaissants d'avoir accepté d'inaugurer la série de ses visites suburbaines par l'une des plus modestes communes du département.

. . . .

« J'ai foi dans la loyauté, la droiture, la sincérité de M. le Préfet, et j'escompte en votre nom ses bonnes intentions pour la prospérité de nos communes, et le bien de la République. »

Après les allocutions de MM. Alexandre Lefèvre et Baulard, M. le Préfet remercia les orateurs précédents pour les paroles cordiales qu'ils lui avaient adressées :

« J'ai tenu, a-t-il ajouté, à marquer, par ma présence au milieu de vous, la sollicitude constante que je porte à toutes les communes de la banlieue, dont les intérêts sont intimement liés à ceux de la ville de Paris. »

Puis il remit au nom du ministre de l'intérieur, les palmes académiques au docteur Morisson, médecin de l'état civil, des écoles et du bureau de bienfaisance, et à M. Martigny, trésorier de la caisse des écoles et administrateur du bureau de bienfaisance.

Assistaient également à cette inauguration :

MM. Le Roux, directeur des affaires départementales ; Bruman, secrétaire général de la préfecture de la Seine ; Capdeville, conseiller d'arrondissement ; Hétier, ingénieur en chef ; Pérard, ingénieur ordinaire ; la plupart des chefs de service de la préfecture, les maires et adjoints des communes environnantes, et bon nombre de personnages officiels dont les noms nous échappent.

Cette fête se continua et se termina par un lunch, un banquet et un bal ; elle fut parfaitement réussie d'un bout à l'autre.

La plaque commémorative placée sous le péristyle porte l'inscription suivante :

LE 12 JUILLET 1896

Cette Mairie a été inaugurée

Sous la Présidence de M. DE SELVES, préfet de la Seine

M. CHENAL étant Maire.

MM. PÉRINELLE et SOURBER ADJOINTS :

MM. FAITOT, JOUBERT, PESTAT, RASSE, FLEUTIAUX, DELION, LEBON, FISCHER, CHAMPION, BROUSSE, BONNETERRE, RENARD, POUILLET, MARÉCHAL, DURST, PEYROUNIL, FAIVRE, MILLOT, COURTIES, DEPESMES, Conseillers municipaux.

GEORGES GUYON, architecte.

Nous avons donné les noms des maires des communes du canton de Charenton en 1790, voici ceux de leurs successeurs en 1896 :

Charenton (chef-lieu), M. Dussault ; Saint-Maurice (créée depuis), M. Gaultier ; Maisons-Alfort, M. Chenal ; Créteil, M. Gignoux ; Bonneuil, M. Gross ; Alfortville (créée depuis), M. Lemainque.

Depuis 1892, Créteil et Bonneuil font partie du canton de Saint-Maur.

CINQUIÈME PARTIE

FIEFS ET CHATEAUX

Nous nous sommes assigné, comme limite à cet historique, en ce qui concerne les faits et les chiffrès d'un caractère précis, l'année 1896, où fut inaugurée la nouvelle mairie ; avant de conclure, nous allons reprendre celui des châteaux féodaux et autres, desquels dépendait, avant 1789, tout le territoire de la commune.

Chateau d'Alfort et ferme de Maisonville. — École vétérinaire.

En 1312, il est mention d'un château qui existait, à gauche, sur le chemin de Maisons, un peu après le pont ; on l'appelait hôtel d'Harrefort ; il relevait de l'abbaye de Saint-Maur.

Sur un titre de l'an 1495, il est question de Jean de Harcourt, comte de Vaudémont, comme ayant été de longue date propriétaire de l'hôtel de Harcourt près Charentonneau ; il semble bien que Harcourt et Harrefort ne devaient faire qu'un.

Plus tard, en 1612, son nom s'était légèrement

modifié : c'était le château d'Hallefort. M. Mallet, de la Cour des comptes, en était possesseur.

Voici ce que nous avons trouvé, à ce sujet, dans un manuscrit :

« Louis de Falcony, seigneur d'Alfort, possédait plusieurs pièces de terre ; la moitié de la basse-cour d'Alfort, le tout jusqu'à la concurrence de 64 arpents 1/2, ayant compris 16 arpents que M. l'Archevêque venait de lui inféoder dans la censive de Maisons ; mais M. l'Archevêque érigea cette portion d'Alfort en fief, à la prière de Falcony, par acte, devant Dupuis et Nicolas Boucher, notaires à Paris, le 27 juillet 1641, à la charge :

« 1° Que le chef-lieu dudit fief fixe la moitié de la basse-cour d'Alfort du côté de Créteil.

« 2° Que le tout relèvera dudit seigneur archevêque, à foi et hommage de lui en payer à toujours mutation arrivant (?) les droits accoutumés suivant la coutume, et que cette portion sera nommée le fief de Maisonville. »

Lorsque le chapitre de Saint-Maur céda à l'archevêque de Paris la seigneurie de Maisons, il s'en réserva une certaine partie. Un peu plus tard, les abbés vendirent « à M. de Falcony, seigneur d'Alfort et de Charentonneau, la part et portion à eux appartenante dans la seigneurie et justice de Maisons-sur-Seine près Charenton, avec les censives sur plusieurs maisons et héritages audit Maisons, et dans l'étendue du territoire et paroisse de Maisons, seulement comme il suit :

« 1° Les censives sur les maisons, fermes, terres,

prés appartenant au sieur de Falcony à cause de son ancienne ferme d'Alfort.

« 2° Les censives sur onze maisons sises à Maisons, rue Bretonne, près l'église et ailleurs, l'une desquelles contient 10 arpents.

« Lesquelles censives montent chacune à une livre 17 sols 8 deniers.

« 3° Les autres censives qui se perçoivent sur les terres à raison de 8 deniers parisis par arpent, contenant ensemble 41 arpents 75 perches, lesquelles censives sont de 1 livre 7 sols 6 deniers parisis.

« 4° Les censives particulières d'inféodation sur 23 arpents 6 perches 1/2 dont le produit annuel était de 11 sols 6 deniers.

« Il y avait donc au total, en fief, 75 arpents 36 perches 1/2 qui rendaient annuellement 3 livres 16 sols 9 deniers ».

M. de Falcony ne posséda cette acquisition que jusqu'en 1665, époque à laquelle l'archevêque obtint que ce contrat fût annulé, à la charge de rembourser le prix payé.

L'archevêque n'avait repris que les droits féodaux, mais M. de Falcony n'en resta pas moins propriétaire du château d'Alfort et de la ferme de Maisonville. Hallefort était devenu *Alfort*.

En 1667, à la mort de M. de Falcony, ses biens passèrent à sa fille, mariée à un comte Damauzé, et à son fils.

Ils appartinrent ensuite à Louise Damauzé, mariée à Pierre de Galéans de Vedenne, marquis de Gadagne, qui les vendit en 1719 à Louis Lhéreau de Saint-Germain, écuyer, seigneur de Grandmesnil, pour 250 000 livres, « à la charge, en outre, de tenir et relever tous lesdits biens de M. l'archevêque de Paris, à cause de la seigneurie de Maisons, tant en fief qu'en roture, et d'y payer tous droits et devoirs seigneuriaux et féodaux. »

Voici la désignation qui était faite de ce domaine, en 1641 :

« . . . . . La moitié de la basse-cour d'Alfort, située au delà du grand corps d'hôtel en tirant vers Créteil, avec une portion de l'enclos fermé de murs, et d'une grande pièce de terre close de haies, qui est derrière et à côté dudit clos,

Contenant le tout........................	36 arpents.	
La maison et ferme du sieur Falcony, dans le village de Maisons, tous les bâtiments et le clos étant derrière.		
Une pièce de terre derrière la ferme......	2	1/4
Une autre vis-à-vis les murs d'Alfort.....	4	
Autre au pertuis, près le petit pavillon d'Alfort.............................		3/4
Autre audit lieu du pertuis..............	4	1/2
Autre au delà du chemin de Villeneuve..		3/4
Autre donnée en échange par le sieur évêque	16	
Total............	64 arpents	1/4

Jean-Louis de L'Héraud ou Lhéreau, écuyer, ci-devant seigneur de la baronnie de Bormes, vendit en 1765, cette propriété, à un représentant du Roi, pour y fonder l'École vétérinaire, qui fut tout d'abord dirigée par Bourgelat.

La ferme de Maisonville, restée en dehors de l'opération, comprenait, outre les bâtiments d'exploitation, 500 arpents de terres et prés ; elle avait été vendue quelques années plus tôt à une veuve Poulain, maîtresse de poste, pour 4 000 livres de rentes, plus 10 000 livres de pot-de-vin, et 4 000 livres pour remboursement des récoltes et semences. La veuve paya quelque temps et devint insolvable ; ses biens furent saisis et vendus, la vente fut annulée.

Le château et ses dépendances avaient été acquis moyennant 2 000 livres de rente viagère ; on négocia pour y adjoindre la ferme qui était revenue au sieur de Bormes ; il fut question de lui payer de ce chef 7 200 livres de rentes, en plus des 2 000 déjà consenties. Il ressort d'un long mémoire, rédigé par le vendeur, qu'il fut complètement « roulé » dans cette affaire, par ses acquéreurs, et qu'il ne retira que fort peu de chose de ses propriétés.

Quatre ans avant, en 1761, la ferme était louée à un nommé Etienne Sannegon, moyennant « 5 000 livres argent, 500 bottes de foin, 500 bottes de paille, 1 muid d'avoine, 4 agneaux, plus le cens et la rente dus au seigneur. Les fournitures étaient évaluées à 1 000 livres, et le sieur de Bormes payait, de vingtièmes, 660 livres ».

Le château était loué à un nommé Delaleu qui payait un loyer de 6 000 livres ; une petite usine ayant le monopole de la fabrication *d'huile de vitriol* y était annexée ; elle était en bordure du chemin de Créteil ou de Champagne.

Dans un recensement de 1789, la surface des terres de la ferme est comptée pour 309 arpents, et la valeur locative des bâtiments évaluée à 200 livres.

En 1760, l'expert du gouvernement trouve 366

arpents 86 perches de terres, et 12 arpents et demi de remises. Elle devait de cens à l'archevêque 12 boisseaux d'orge; le produit, année commune, était de 7 000 livres, et enfin, sa valeur estimée à 154 000 livres. Voici sa description sommaire d'après l'expert cité.

« La ferme de Maisonville dépendant de l'école vétérinaire d'Alfort, faisant partie des biens du domaine du roi, située à Maisons, donnant au midi sur la rue de Maisons, faisant la route de Paris à Villeneuve-Saint-Georges, et au nord à une pièce de terre dépendant de la ferme, tenant au levant à la ferme de M. de Chambray, et au couchant à *la petite rue* conduisant à Charentonneau. »

Elle fut vendue, comme bien national, à divers, ainsi que les récoltes sur pied et en granges.

En 1810, un sieur Orillard de Villemongy, comte de l'Empire, est propriétaire des bâtiments d'exploitation et de la plus grande partie des terres ; il les vend au baron Rodier. A son décès, M. Déterville les achète aux héritiers ; ils passent par succession à M. Rathier, et ensuite par acquisition à M. Dominique.

La commune acheta, en 1864 à ce dernier, les bâtiments d'exploitation pour y installer la mairie et les écoles. Les terres, dont une partie était déjà occupée par le fort et le chemin de fer, ont été vendues par lots ; elles étaient situées pour la plupart entre le chemin de fer et la Seine ; ce fut le point de départ de la création d'Alfortville, dont deux rues portent les noms de Déterville et Dominique; Maisonville eût été également de circonstance.

Revenons au château d'Alfort devenu école vétérinaire.

L'enclos contenait 25 arpents 46 perches, dont 10 arpents en bosquets. Lors de la vente des terres de la ferme, la pièce qui séparait la route de Maisons des bâtiments fut réservée, et plus tard, la façade de l'établissement fut ramenée à l'alignement.

Les anciennes constructions du château suffirent probablement au début ; puis les vieux bâtiments furent successivement remplacés par d'autres mieux appropriés ; le cadastre de 1813 en reproduit la disposition d'une façon dont nous ne pouvons garantir l'exactitude.

Il semble que le bâtiment des élèves, la chapelle, les anciennes études, la petite ferme et la pompe à manège durent être construits au commencement du siècle. De 1836 à 1840, la plupart des constructions existantes furent édifiées ; elles figurent sur le cadastre de 1841 conjointement avec celles qui viennent d'être désignées, plus le vieux château et une partie des communs en bordure de la rue de Créteil.

Le château, les communs, les études, la chapelle et la pompe ont disparu. Il y a quelques années un cèdre magnifique, dernier vestige d'une partie du parc, se dressait encore auprès des forges, il est mort de vieillesse.

De 1877 à 1881, furent construits de nouveaux laboratoires n'ayant tout d'abord qu'un rez-de-chaussée, et, aussitôt découverts, pour être surélevés d'un étage. Les mauvaises langues dirent que l'architecte, M. Diet, qui venait d'édifier l'Hôtel-Dieu, et avait dû le baisser d'un étage, lequel lui était resté pour compte, était bien aise de le caser à Alfort.

Le manège et la porcherie sont de quelques années plus anciens.

Dans la cour d'entrée, ont été placées, en 1876, la statue de *Bourgelat*, fondateur de l'école, par Crauk, avec ces dates : 1712-1779 ; et, en 1889, celle de *Henri Bouley*, ancien professeur, puis inspecteur général, par Allouard. Sur le socle on lit cette dédicace :

1815 — 1885

SES ÉLÈVES, SES AMIS.

Dans le parc, le long du mur de la rue de Créteil, on voit un modeste entourage en fer, et une pierre tumulaire sur laquelle sont gravés ces mots :

JEAN MARIE PIGEON
ÉLÈVE DE CETTE ÉCOLE
TUÉ A LA DÉFENSE DU PONT
DE CHARENTON
LE 3 MARS 1814
PRIEZ POUR LUI.

Dans la salle d'honneur, se trouvent plusieurs plaques, dont l'une porte les noms des élèves de l'école tués pendant la guerre de 1870-71. Ils se nommaient : Seigé (du Cantal), Monmarqué (de la Seine), Barbier (de Maine-et-Loire).

Sur une autre, on lit : A Sidi Mohamed, spahi vétérinaire mort au Sénégal le 8 mai 1881.

Et enfin une troisième est dédiée aux vétérinaires tués dans diverses autres colonies.

Le Directeur actuel est M. Trasbot, professeur de clinique.

Dans cette courte notice, nous avons négligé à

dessein tout le côté scientifique et administratif de l'historique de l'Ecole, laissant cette tâche à une plume plus autorisée. Depuis sa fondation, son existence a été mêlée à celle de la commune, et à maints endroits de cet ouvrage on la retrouve jouant à différents titres un rôle important, dans les événements qui s'y sont déroulés.

Les rues Bourgelat, Chabert, Girard, Eugène Renault et Bouley, du quartier d'Alfort, doivent leur nom à d'anciens professeurs.

Alfort, lui-même, doit le sien, au vieux château disparu.

Charentonneau.

Charentonneau semble être d'origine aussi ancienne que le village de Maisons. C'est parfois *Charentonnellum*, *Carentoniolo*, ou Charentonnet; il se pourrait du reste que certains de ces noms s'appliquassent à des parties différentes de ce qui constituait la seigneurie de Charentonneau.

Il est vraisemblable que non seulement le triangle formé par la Marne et la route de Créteil, depuis le pont jusqu'au delà du château, mais encore ce qui fut plus tard la Poste aux chevaux, et le château d'Alfort, en faisaient partie, au début de sa formation.

En 1641, M. de Falcony avait réalisé de nouveau cette unité, en devenant possesseur en même temps des domaines de Charentonneau, d'Alfort et de la ferme de Maisonville.

En 1808, le baron Rodier, qui en était devenu propriétaire, avait agi dans le même sens, en remplaçant Alfort, devenu établissement de l'État, par de nombreuses pièces de terre ajoutées à celles des fermes de Charentonneau, de Maisonville et de l'Archevêché.

Quoi qu'il en soit, par suite d'acquisitions, d'échanges, de partages ou de ventes, la contenance en fut changée bien des fois avant d'être ce que nous l'avons connue.

De 1170 à 1180, Thibaud, abbé de Saint-Maur, « exempte ses hommes de *Carentoniolo* de transporter les grains du monastère de Charenton au moulin *des Portes* ; » il y avait à cette époque trois moulins ; il s'agit sans doute de l'un d'eux.

« Par une charte du second dimanche après la Saint-André 1292, sur les prières des habitants sujets et censitaires de Maisons-sur-Seine, les abbés leur accordèrent une exemption d'aller moudre leurs grains au moulin banal de Charentonneau, sous la réserve de les y rappeler si besoin était. »

Il est vaguement question en 1240 et 1246 de *Charentonnellum*.

En 1281, l'abbé de Saint-Maur était propriétaire du « moulin de Charentonneau, auquel les hommes de Maisons étaient sujets banniers (1) ; l'abbé et le couvent de Saint-Maur en consentirent un bail à rente le samedi avant la Saint-Remy 1281, à Allard Guichard de Varennes, et Alpédie sa femme, à la charge de payer chaque an seize septiers mouture à Noël, seize à Pâques, seize à la Nativité, et seize à la Saint-Remy ».

(1) *Sujets banniers*, soumis à la banalité.

Dame Alix, ou Aulips de Charentonneau, femme de Guillaume de Morin, chevalier, fit, en 1285, un échange « avec Monseigneur fils du roi de Jérusalem, bouteiller (1) de France, par lequel elle lui donna deux arpents de terre sis à Charentonneau, devant la porte de ladite dame, tenant d'une part au chemin qui va de Charentonneau à Maisons, d'autre à la maison dudit seigneur ».

Ce *bouteiller de France* céda, en 1295, ses droits aux abbés des Vaux de Cernay, qui avaient un couvent à Charenton; ils prirent le nom de seigneurs de Charentonneau, quoiqu'ils ne parussent y posséder à ce moment que quelques terres; on ne dit pas, mais il est possible pourtant, qu'ils eussent acquis en même temps une maison d'habitation.

Le 14 octobre 1377, le roi Charles V acheta de Nicolas Braque, son maître d'hôtel, « la maison qu'il avait à Charentonnel près du pont de Charenton, et ses dépendances » pour 3 200 livres d'or. Il la donna à Philippe de Mézières, chancelier de Chypre. Cette charte est datée de *Beauté-sur-Marne*, 1377.

Il ne semble pas que ce soit le château, mais plutôt quelque maison de plaisance dans le voisinage de la rivière, peut-être même, le château Gaillard dont il n'est pas encore question sous ce dernier nom.

A cette époque, le pont de Charenton est parfois désigné sous le nom de pont de Charentonneau.

En 1413, un nommé Charles Floret est cité comme propriétaire de Charentonneau. En 1440, il appar-

(1) Officier chargé du vin de la table du roi.

tenait à Jean de Lormoy, et Jacquette sa femme, qui le vendirent, le 5 juillet 1444, à Nicolas Duru, huissier au Parlement. Par le contrat de vente, ils spécifièrent : « que la consistance de ce fief était dans une place, jadis en manoir, granges, vergers, jardins, près le pont de Charenton, sur le chemin tendant à Créteil, duquel manoir, la porte d'icelui, en allant devant Créteil, était dans la censive de l'abbé de Saint-Maur, ainsi que plusieurs terres et prés contenant 26 arpents 62 perches et demie. »

Le reste était dans la censive « des religieux de Charenton, qui sont des Vaux-de-Cernay ».

Une autre partie relevait de l'archevêché; c'était :

« 1° 4 arpents de prés sur le chemin de Charenton à Villeneuve.

« 2° Une maison et un moulin à blé assis sur la rivière de Marne, faisant le premier moulin près le pont de Charenton, nommé *le Petit Moulin*, sous le devoir de six sols parisis de cens. »

La dîme appartenait à la seigneurie de Maisons; un laboureur, Simon Guyot, demeurant à Charentonneau, fut condamné à payer à l'abbé de Saint-Maur, sept agneaux, pour la dîme de soixante-dix agneaux que lui avaient produits ses brebis en 1452 et 1453.

Louis d'Esves et Gillette sa femme, prétendirent que le moulin et le fief de Charentonneau étaient dans la féodalité directe de leur fief des Loges, et en arrière-fief de leur seigneurie de Courtery. En conséquence, ils firent saisir féodalement le moulin et le fief de « Charentonneau ou Charentonnet ».

Les abbés résistèrent et, en 1456, il y eut transaction, par laquelle les sieur et dame d'Esves reconnurent que les héritages dont la désignation suit étaient, « dans la censive et justice des abbés ».

« 1° Dans le moulin de Charentonneau, sur la rivière de Marne.

« 2° En partie du fief de Charentonneau, en commençant par le milieu de la grande porte de Charentonnet ou Charentonneau, en traversant tout l'hôtel jusqu'à la rivière de la Marne, du côté vers le moulin, comprenant la maison du fermier, les étables, écuries, greniers, les étuves, la cuisine, le four, une salle basse, une autre chambre ensuite, la moitié de la grande salle lambrissée sur le jardin, le tout tant haut que bas ; la cour, depuis le milieu de la porte devers le moulin, avec sa galerie, et le puits à poulie qui est en icelle.

« 3° En terres et prés d'une contenance de 69 arpents 12 perches et demie, sis aux lieux dits : la Saulsaye, la Sablonière, le Pâtis de Charentonneau, les Noës de Charentonneau, les Buissons de Prévieu, les Noës de Charenton, les Noës Saint-Père, la pointe de Prévieu, le Clos-Bourg, le Clos à la Louère. »

Dans un titre de 1495, un sieur Jean de Harcourt, comte de Vaudémont, est désigné comme propriétaire de Charentonneau, qui aurait pris le nom d'hôtel de Harcourt ; ainsi que nous l'avons déjà dit, nous supposons qu'il y a confusion avec l'hôtel d'Harrefort, à moins qu'il ne possédât les deux.

En 1523, il est question d'Olivier Aligret comme seigneur de Charentonneau ; il y avait à cette époque une chapelle dédiée à Notre-Dame de Saint-Jean ; elle existait encore en 1551.

Le 24 juillet 1550, il y eut une sentence qui permettait au seigneur « de faire redresser les fourches patibulaires à deux piliers, dela justice de Charentonneau ».

Richard de Pétremol et Jérôme du Four paraissent être propriétaires en commun de Charentonneau en 1611 ; il est au moins certain qu'ils y possédèrent des biens.

En 1639, l'abbaye des Vaux-de-Cernay, qui était propriétaire d'une partie de Charentonneau, la vendit à Louis de Falcony, que nous avons déjà vu propriétaire du château d'Alfort. « Cette partie consistait en un manoir, 70 arpents de terres labourables, 5 arpents d'îles, et 3 arpents et demi de prés,..... ladite partie de terre, fief, seigneurie et justice de Charentonneau dans la mouvance (1) immédiate du Roi, à cause de la tour du Louvre ; » ce qui indique bien qu'il y avait plusieurs manoirs, hôtels ou châteaux portant le nom de Charentonneau.

M. de Falcony céda sa propriété de Charentonneau, en 1671, à René Gaillard, qui se fit par la suite appeler Gaillard de Charentonneau.

Ce M. Gaillard, et avant lui ses ancêtres, étaient vraisemblablement déjà habitants ou propriétaires du château voisin, auquel ils avaient donné leur nom.

Le domaine resta à la famille jusqu'à la Révolution ; en 1744, on mentionne le décès d'un sieur Gaillard père ; son fils lui succèda dans ses droits.

Il y avait à Charentonneau une prévôté qui connaissait de toutes les affaires de la seigneurie. Le

(1) Sous la dépendance.

prévôt était en même temps juge de paix, commissaire de police et huissier.

En compulsant le « répertoire du Greffe de la prévôté de Charentonneau (1724 à 1790) » on trouve les mentions suivantes :

« **1726.** — Expédition du procès-verbal de dégradation du jardin et clos de Château-Gaillard.

« **1730.** — Le 7 juin, requête présentée à M. le prévôt par Pierre Mollet au sujet de sa femme trouvée noyée.

« **1732.** — Plaintes par le procureur fiscal contre trois quidams pêcheurs de nuit.

« **1736.** — Tutelles des mineurs Louis Ducharme.

« **1738.** — Interrogatoire du sieur Ducloze détenu au Château-Gaillard.

« **1742.** — Alignement de la maison de M. Sannegon.

« **1743.** — Requête à M. le prévôt pour la permission de vendre de la viande dans le carême.

« **1772.** — Permission donnée au sieur Le Bault de faire boucherie à Alfort.

« **1784.** — Levée des cadavres des sieurs Fleury et son garde-moulin (trouvés noyés près le moulin de Charentonneau) dans laquelle minute sont renfermés les deux rapports en chirurgie. »

En 1788, M. Gaillard, ancien conseiller à la Cour des Aydes, était encore propriétaire et seigneur haut justicier de Charentonneau ; la famille de ce nom posséda le château de 1671 à 1793, époque où il semble avoir été saisi comme bien d'émigré, pour être vendu plus tard au profit de la Nation.

En 1787, il avait été fait un inventaire des terres, il se résumait ainsi :

Sur Maisons : champtier de Charentonneau, des Prévieux, du chemin de Saint-Maur, de la grande Borne, du chemin de Brie, des Mêches, de Villiers, de Champoutre, du Deffoye, des Petits-Carreaux, du Port-à-l'Anglais, de la Butte-de-Grammont, des Bouvets, de la Bosse-de-Marne.

Ensemble....................	286 arp., 52 per., 1 pied.
Sur Créteil : champtier du chemin de Saint-Maur, des Prévieux, des carrières de Créteil, des vignes de Maisons...........	53 arp., 52 per., 13 pieds.
Sur Thiais (1).................	30 —
Sur Saint-Maurice : îles de Gravelle et des Corbeaux.........	25 arp., 99 per., 9 pieds.
Total général, compris emplacement du château...........	399 arp., 19 per.

Voici la désignation qui fut faite de la propriété en 1789 :

« Le château de Charentonneau, « en mauvais « état », jardin, bosquets et îles, 22 arpents évalués 300 livres de loyer.

« Un moulin et ses dépendances loué 1 970 livres.

« Moulin de Charentonneau et ses dépendances évalué 1 400 livres de loyer.

« La ferme, imposée pour 516 livres en principal. »

Nous n'avons que des présomptions en ce qui concerne la saisie et vente du domaine de Charen-

(1) Sans doute pour Choisy.

tonneau comme bien national ; néanmoins sa nature de fief féodal semble avoir dû motiver cette mesure.

Nous trouvons, comme propriétaire en l'an XIV, le général Berthier, sans savoir à quelle époque il l'était devenu ; voici un relevé des impositions, établi à l'occasion d'une demande en dégrèvement :

CHARENTONNEAU.

AN XIV. *A Maisons, revenu et contributions.*

Château........................	600fr, »	
Parc et jardins..................	245 ,25	
Quinconces.....................	20 »	
Iles du moulin..................	70 »	
Remises........................	85 »	
Total.............	1.020fr,25	
Pour la contribution, sur le pied de 0fr,35 pour franc...............		366fr,20
Contribution personnelle, mobilière, etc.		142 ,55
Portes et fenêtres..................		25 »
Taxe de guerre.....................		200 ,30
Jardinier..........................		1 ,95

A Créteil.

Remises, revenu....................	235fr,10	57fr,10
Taxe de guerre.....................		10 ,55
Totaux...........	1.255fr,35	792fr,65

AN 1807.

Il y aura lieu de demander le dégrèvement de la contribution mobilière et personnelle de.....	142fr,55
Il sera dû seulement.....	650fr,10

Maison de Madame.

AN XIV.

Maison et jardin.........................	272fr	78fr
Terres labourables (mémoire).............		
Contribution personnelle.................		31 ,70
Portes et fenêtres.......................		19 ,70
Totaux...........	272fr	129fr,40

Résumé.

An XIV.

M. le général paiera	792fr,65
Madame	129 ,40
Total	922fr,05

An 1807.

M. le général paiera	650fr,10
Madame	129 ,40
Total	779fr,50

Nous ignorons s'il s'agit d'une Mme Berthier authentique, car le maréchal Berthier se maria en 1808, avec une princesse étrangère et, à ce moment, Napoléon lui constitua le majorat du château de Grosbois. Il n'entre pas dans notre cadre d'éclaircir ce point d'histoire ; mais nous remarquons que Monsieur et Madame avaient chacun leur maison, et étaient imposés à part. Il y avait donc à ce moment deux habitations ?

Le baron Rodier Saliéges devint acquéreur du domaine de Charentonneau le 31 janvier 1808. Il fut arrondi à diverses reprises, jusqu'à devenir plus étendu qu'il ne l'avait jamais été. Afin de faire disparaître les dernières enclaves, son possesseur acquit en 1810 deux pièces de terre sises à l'entrée de l'avenue en bordure de la route, de sorte que les clôtures, murs et haies, établies quelques années après, enfermèrent près de 200 hectares d'un seul tenant.

A la mort de M. Rodier, ses héritiers, MM. Pelet de la Lozère, Ravault et Rodier, le firent vendre sur licitation. M. Grimoult en acquit la plus grande partie, notamment celle close, le 17 août 1833 ; il a appartenu depuis à ses descendants, la famille Jouët-Pastré.

Depuis quelques années, on en a distrait successivement les terres non comprises dans l'enclos ; notamment, l'emplacement d'une portion du cimetière, une petite pièce au Moulin Neuf, le Champ Corbilly, dont les rues Jouët, Delalain et Grimoult ont pris les noms des anciens propriétaires ; puis le Buisson Joyeux, et d'autres pièces plus éloignées.

Le château actuel n'a rien du vieux manoir féodal.

Si l'on s'y rend par l'avenue, on rencontre d'abord les bâtiments de la ferme, placés en arrière d'une place plantée de marronniers et paraissant de construction assez ancienne ; l'un de ces bâtiments, de forme circulaire, est couronné d'un clocheton.

Le principal corps de logis, auquel, d'après des titres anciens, on arrivait autrefois « par un chemin bordé de barrières, avec lunes et demi-lunes », est séparé de l'avenue par un fossé. On accède à la cour d'honneur par un pont fermé d'une grille. Cet édifice n'est pas bien remarquable, la façade en est simple ; seul le toit élevé rappelle le style Louis XIII. Sur le derrière, à gauche, il est flanqué d'une petite tourelle couverte en poivrière.

D'autres constructions moins importantes bordent la cour du côté droit ; on pénètre dans la première en franchissant le fossé, qui fait retour ; les autres sont de plain-pied.

A la suite, vers la rivière, sont les dépendances, d'origine certainement plus ancienne que le reste. Un pont franchit le bras, en amont des ruines du moulin, et donne accès dans l'île.

Il ne reste du moulin, brûlé en septembre 1883, que la *galerie* mentionnée en 1456, ou celle qui l'a remplacée, sous laquelle on passe pour se diriger vers

Alfort, et les piliers qui attendent une reconstruction problématique.

Les artistes, grands et petits, qui ont reproduit ce moulin et le coin de paysage qui l'entoure, sont légion.

A gauche, surplombant le chemin, on voit des magasins aux murailles énormes ; à leur extrémité, des fausses baies simulent une orangerie ; ensuite, au-dessus du chemin et du bras de rivière, un pont en fer relie l'île au parc.

Derrière le château, vers Alfort, existe une pelouse et le parc ; au sud, à la suite de la ferme, les jardins et serres, le tout clos de murs ; en bordure de la rue d'Enfer et de son ancien tracé, en retour sur l'avenue, des tilleuls plusieurs fois centenaires ombragent une terrasse soutenue par un mur.

Ne mentionnons que pour mémoire une habitation tout à fait moderne placée en face du château, de l'autre côté de l'avenue.

Vue de la route de Créteil, cette propriété attirait surtout l'attention, par la grande quantité de lièvres qui, en tout temps, s'ébattaient là, très peu effarouchés par les passants ; les lapins s'étaient réservé le voisinage de la Marne.

D'autre part, du plateau de Gravelle, elle offrait un coup d'œil admirable, par la variété des couleurs que donnaient à sa surface les différentes cultures : de là, peut-être, l'origine du nom de « la Belle-Image » donné à un des lieux dits qu'elle renferme.

Au moment où nous écrivons, le morcellement de Charentonneau est commencé. Les *Sept Arbres*, tant de fois peints, eux aussi, vont servir à l'installation d'un « Robinson » quelconque.

Les arbres en bordure de la Marne, en remontant vers Créteil, sont coupés; les lièvres sont, pour la plupart, devenus civets, et les lapins, gibelottes; au tapis multicolore qu'on admirait, succèdent les lignes droites d'une ville tracée à l'américaine et les restes du vieux moulin disparaîtront sans doute bientôt pour livrer passage à un quai.

Fief de l'Image.

Voici ce qui est dit à son sujet dans un manuscrit :

« Le fief de l'Image est situé au village de Maisons-sur-Seine, près Charenton, sur le chemin de Villeneuve-Saint-Georges à Paris, et consiste :

« 1° Dans une maison, bâtiment, cour, dans laquelle il y a un colombier à pied, un jardin, le tout contenant 12 perches; sis rue Basse devant le cimetière dudit lieu.

« 2° Dans une moyenne et basse justice sur les sujets dudit fief.

« 3° Dans trois quartiers de prés sis au terroir de Maisons, lieu dit Le Prévieu.

« 4° Dans 4 livres 16 sols parisis, et 7 septiers 8 boisseaux d'orge, mesure de Paris, avec autant d'argent que vaut ledit orge de cens; portant « lods » (1) et ventes, à prendre sur plusieurs maisons, mazures, vignes, terres labourables, prés et autres héritages. »

Ses possesseurs successifs furent :

1364. — Simon de Dampmart et Constance, sa femme.

(1) *Lods :* droit féodal; pour honneurs.

1372. — Saurénein de l'Image.

1458. — Laurent de l'Image, Laurent Caillot et Jean le Boulanger.

1477. — Jean le Boulanger ; Marie de Loygnes, veuve de M. de Flément.

1552. — Charlotte Errault, veuve de Jean des Loges ; Gilbert de Curée, et Errault de Chamoix.

1561. — Catherine Pichonat, veuve de Jean Dolu.

1582. — René Dolu.

1603. — Jacques Olier et Marie Dolu, sa femme.

1668. — Édouard-Nicolas Olier.

1672. — Jean-Jacques Olier.

1727. — Jean-Jacques Olier (deuxième du nom).

1742. — Jean-Michel Le Chanteur, acquéreur d'Olier.

Le sieur Olier avait reconnu en 1738 que la partie de son domaine, en roture, consistait en « une maison de jardinier, basse-cour, ferme, avec toutes ses dépendances, parterre, jardin potager, bois et clos, dont partie en prés et terres labourables, le tout fermé de murs et fossés, et contenant ensemble la quantité de :

....	41 arp., 5 per.
Plus terres et vignes..................	89 — ,45 —
Total................	130 arp., 50 per.

« à raison de 8 deniers parisis de cens par arpent ».

M. Le Chanteur, auditeur des Comptes, ayant émigré à la Révolution, ses biens furent saisis, la literie de sa maison inventoriée et emportée à Paris pour contribuer à meubler une caserne.

Il ne semble pas douteux que ce domaine comprenait ce qui fut plus tard la propriété Lesieur, avec, en plus, l'ancienne ferme dont M. Villot est actuellement propriétaire; il est probable aussi que c'est cette ferme qui est décrite plus haut.

On trouve ce château sur la *carte des chasses*; il y est figuré, comme étendue, à peu près tel qu'il était avant 1895; seule la disposition des constructions n'est pas entièrement la même, mais ces détails ne sont pas toujours très exacts sur un plan à une si petite échelle.

En l'an IV, la propriété fut vendue comme bien national; nous ignorons si la ferme en dépendait encore; toujours est-il que cette dernière comportait une habitation désignée sous le nom de *Pavillon de Bellevue*. Elle appartint à un sieur Léger, puis au baron Rodier, ensuite à l'un de ses héritiers, M. Pelet de la Lozère, et enfin à MM. Tessonnière et le général Salanson, qui l'ont vendue à M. Villot.

Le château fut acheté au domaine national le 23 messidor an IV, par M. Romey; il le revendit à M. Jalbin, qui le céda en 1841 à M. Martinon; il passa ensuite à M. Richard.

Nous avons trouvé, dans une description ancienne, qu'il y avait, autour du château, « un bois de haute futaie ». M. Richard en fit l'exploitation, et, en 1848, rétrocéda son acquisition à M. Lesieur; son fils morcela la propriété en 1875, et en vendit une partie à la commune pour y installer la mairie.

Sur le cadastre de 1813, le principal corps de logis figure à l'emplacement actuel, mais les deux ailes, qui, avant sa transformation en mairie, n'avaient pas d'étage, forment avant-corps ; on en a du reste retrouvé les fondations au cours des derniers travaux ; on a pu constater également, à ce moment, que le gros œuvre en était fort ancien. L'édifice était du style Louis XIII, mais nous n'affirmerions pas qu'il datât de l'époque.

Le parc, clos de murs, haies et sauts de loup, renfermait des grottes, rochers, bassins et étangs artificiels ; un petit pavillon, qui occupe l'angle extrême du parc en bordure de la route, et qui est en tout semblable à un autre situé de l'autre côté, semblerait indiquer que les deux propriétés qui se font vis-à-vis n'en faisaient qu'une autrefois. Il n'en est rien ; il n'y a là qu'une fantaisie architecturale.

La partie acquise par la commune renferme, dit-on, un puits artésien, qui, en tout cas, n'est plus en usage.

Dans le reste du parc, ont été tracées les rues Pasteur, du Parc, Louise Lesieur, et de l'usine Springer.

On a pu voir que si Robespierre habita cette maison, il n'en fut en tout cas jamais propriétaire ; peut-être l'occupa-t-il pendant qu'elle appartenait à l'État?

Le maréchal Serrurier, qui, comme on le verra plus loin, posséda à Maisons une ferme importante, l'aurait également habitée.

Une princesse de Saint-Maurice-Montbarrey, veuve de Henry, prince de Nassau-Saarbrük, y eut sa résidence ; on la désignait communément sous le nom de *la Princesse*. Elle repose dans le cimetière de la commune.

Fief et château de Saint-Pierre.

Suivant une charte de 1270, « Jean de Gourdon, gendarme, possédait à Maisons-sur-Seine quatre fiefs qu'il tenait de Jean d'Evry, chevalier de l'ordre de la Croisade ». Il fit don de la suzeraineté et seigneurie aux abbés de Saint-Maur.

Ces fiefs furent possédés, en 1362, par Mahy-Quinaut; en 1378, par Simon de Saint-Benoît; en 1385, par Jean Lebègue et, en 1387, par Jean Lefèvre.

Ils passèrent, en 1494, à Jean Virieu, et ensuite à Martin de Bellefuye, conseiller au Parlement; puis à Jean Galopin et Marie Chartier, sa femme, qui les vendirent à Michel Leclère, en 1517.

La dîme en appartenait aux abbés de Saint-Maur, à raison de seize gerbes par arpent; cependant, à la suite d'une sentence, un nommé Toussaint de Gillemont ne fut condamné à payer que six gerbes par arpent.

Sarah Leclère, épouse de Samuel Spifame, qui les tenait de son père, en fit donation à Roger Robineau, en faveur de qui, en 1633, ces différents fiefs « furent réunis en un seul corps de fief, sous le nom de Saint-Pierre, à la charge d'y asseoir pour glèbe (1) une maison située dans la Grande-Rue de Maisons ».

En voici une description de 1634 :

« Une maison seigneuriale, une chapelle, maison

(1) *Pour glèbe :* Pour servitude ou hommage.

et bâtiment de fermier, un jardin, clos, vivier, saulsaye. Un autre grand jardin, terres et prés, le tout contenant 87 arpents 4 perches. Dans des rentes attachées au fief, montant à 30 livres, 8 poules et poulets, 5 livres de menus cens, un droit de champart (1) et une censive qui s'étend sur onze maisons, et 99 arpents 74 perches de terre. »

Dans un autre ouvrage, on dit que, sous Louis XIV, le fief Saint-Pierre comportait un vieux château à tourelles, qui aurait été bâti pour sa maîtresse par François Ier ou par Henri II, son fils ; « il aurait été habité par Diane de Poitiers, dont on voyait encore, en 1720, le portrait sur une cheminée. Des fleurs de lys étaient sculptées de chaque côté de la porte principale ».

Amos Tixier, seigneur de Janvry, l'aurait également occupé.

Françoise Lemaître, qui en était devenue propriétaire indivisément avec Charles de Bonnigal, chevalier, épousa Dominique Barberie de Saint-Contest ; ils en firent hommage à l'archevêque en 1727.

Ce fief resta dans la famille de Saint-Contest, en la personne de François Barberie, marquis de Saint-Contest, Louis-François, marquis de Chambray, dame Louise de Camouville, son épouse, et Charles Louis, marquis de ....? qui le possédaient en commun à titre d'héritage en 1776.

A ce moment, la propriété avait, en diverses parties, une contenance de 87 arpents 4 perches, et

(1) *Droit de champart :* part sur la récolte revenant au seigneur.

le droit de censive portait sur 99 arpents 74 perches.

Elle est ainsi désignée dans un recensement de 1789 :

« Fief Saint-Pierre. Bâtiments : location évaluée 400 livres.

« Clos : 10 arpents dont 4 en bosquets.

« Terres : 54 arpents. »

Contrairement à ce qui s'est passé pour Alfort, Charentonneau et Château-Gaillard, qui non seulement ont gardé leur nom, mais encore l'ont donné à un quartier, les châteaux de l'Image et de Saint-Pierre l'ont perdu ; de ce dernier, il ne reste même plus trace.

Tout d'abord, rapprochant ce nom de celui donné autrefois à une rue, nous tendions à conclure qu'il était en bordure et y avait son entrée ; mais c'était une erreur.

Le château de Saint-Pierre occupait l'emplacement où est le couvent et quelques propriétés qui l'avoisinent, comprenant, ou à peu près, tout l'espace limité par la Grande-Rue, la ferme de l'archevêché (rue Auguste-Simon), la rue des Iles (du Chemin-de-Fer) et le château de l'Image (nouvelle mairie). Le terrain du marché et l'immeuble à droite étaient occupés par la ferme. Cette ferme avait, en 1791, 303 arpents 46 perches de terre, sur Maisons, Créteil, Choisy et Valenton.

Au début de la Révolution, ainsi qu'on l'a vu, le marquis de Chambray, maréchal de camp, fut député aux États généraux. Lorsqu'on forma la garde nationale dans la commune, il en devint le chef ; il avait mis sa maison à la disposition des habitants pour s'y réunir. Au moment de la Terreur, il émigra et ses biens furent confisqués. Un autre marquis de Chambray, peut-être son fils, né en 1783, fit une partie des campagnes de l'Empire et devint général.

Nous trouvons comme propriétaires de ce domaine, en l'an IX, Jean-Nicolas et Jean-Baptiste Legué ou Leguet, carriers, qui se sont installés au château « en attendant qu'ils puissent s'en défaire ». Un peu après, on le démolissait; il est probable que c'est de cette époque que date le morcellement. En faisant des plantations, il y a quelques années, sur son emplacement, on découvrit, paraît-il, des souterrains.

Quant à la ferme, elle appartint au maréchal Serrurier; sa veuve et son gendre, François-Eugène d'Orange, baron de Kermont, colonel de chasseurs, la vendirent à M. Lecouteux; Mme Potel en hérita. Les bâtiments ayant été démolis après avoir servi à une vinaigrerie et une scierie, le terrain, moins la partie de droite, fut vendu à la commune en 1884. Comme nous l'avons dit plus haut, c'est sur ce terrain que le marché et une partie de l'école des garçons sont édifiés.

Fief de l'Archevêché.

Les abbés de Saint-Maur, de par la donation de Hugues Capet, possédaient en toute propriété une partie du territoire de Maisons et avaient un droit de suzeraineté sur le reste.

Lorsqu'ils affranchirent les serfs, ils ne renoncèrent pas à ce droit.

Ils ne donnèrent jamais non plus, d'une façon

complète, les terres servant de pacages dont jouissaient les habitants; ils arrondirent au contraire leur domaine en achetant, en 1296, « un arpent de terre vers Villeneuve, et un demi-arpent vers le pont de *Charentonneau* ». Puis, en 1307, « deux arpents de terre en quatre pièces au terroir de Maisons, lieu dit *Porchieu* ». Et enfin, en 1325, ils firent échange « d'un arpent de terre au *Petit Charentonneau*, contre un arpent sis à Maisons sur la rivière ».

Si on croit *Dulaure*, l'abbé de Saint-Maur aurait eu une demeure à Maisons, et la chapelle de Saint-Germain, dont il a été question d'autre part, y était comprise; il y rendait la justice.

Dans un manuscrit, déjà plusieurs fois cité, nous trouvons ceci :

« La seigneurie de Maisons, pour la portion de ce qui en appartient à l'archevêque de Paris, au moyen de la réunion qui y a été faite du doyenné de Saint-Maur, a haute et basse justice, sous le titre de Prévôté, laquelle est unie à celle de Créteil; greffe, tabellionnage, droits de corvées, cens, lods, ventes, échanges, saisines (1), amendes, quand le cas y échet; droit de dîme dans l'étendue de ladite paroisse de Maisons, à raison de seize gerbes par chaque arpent de blé, seigle, orge et avoine; et de vingt sols par chaque arpent de pois gris, pois, vesces, luzernes et sainfoins; à la charge de payer audit curé de la paroisse, un muid (2) de blé froment, un muid de seigle, et un muid d'orge. »

(1) *Saisines*, pour saisies ou prises de possession.
(2) *Muid :* mesure de capacité variable selon les provinces.

Voici comment y sont définis les droits que le roi avait transmis aux abbés, en leur donnant le village de Maisons, en 988.

« Le roi donnait simplement la propriété des maisons et terres occupées et exploitées par les hommes et femmes qui les tenaient ensemble. La supériorité sur l'asservissement auquel ces hommes et femmes serfs étaient assujettis ; par ce moyen de la donation ci-dessus, l'abbé de Saint-Maur était propriétaire des corps desdits serfs, desquels il pouvait conséquemment disposer. »

En 1643, lorsque l'organisation de l'abbaye de Saint-Maur fut modifiée, elle céda ses droits à l'archevêché de Paris, qui en prit possesion en 1664. C'était la première terre du duché-pairie de l'archevêché.

L'archevêque ne paraît avoir possédé en propre que la ferme qui occupait l'emplacement des propriétés Perrié, Faitot, et du café du Pré-Catelan à Maisons ; limité par la Grande-Rue, le couvent et la rue du Chemin-de-Fer. Il en reste une immense grange déjà raccourcie d'un bout, qui sert de magasin à un grainetier.

En 1797, il fut fait un arpentage des terres de cette ferme, il y en avait 208 arpents 63 perches 2 pieds, plus, en remises, 1 arpent 75 perches 15 pieds ; le dernier fermier, avant 1789, était un nommé Coudray, qui fut aussi le dernier syndic communal.

Sur un plan de l'époque, les bâtiments sont figurés en bordure de la Grande-Rue, où se trouve l'entrée, et, en retour, sur celle de la *Grand-Noue*, devenue rue du Chemin-de-Fer; à la suite, on remarque un jardin clos et un vivier; l'unique tenant est, à gauche et au fond, le fief Saint-Pierre.

Les archevêques de Paris, qui étaient devenus premiers seigneurs de Maisons et dépendances, tiraient aussi leurs revenus des fiefs secondaires et des rotures qui se partageaient le territoire et dont ils avaient la suzeraineté.

Tout comme leurs cédants, les abbés, ils durent à diverses reprises défendre leurs droits, qui devenaient de plus en plus contestés.

La Révolution mit tout le monde d'accord en supprimant ces privilèges.

La ferme et dépendances fut vendue au profit du domaine national et semble avoir passé entre les mêmes mains que celle de Maisonville. En 1864, elle appartenait à M. Dominique, qui la revendit en détail; le prolongement de la rue Jean, devenue rue Auguste-Simon, fut percé dessus, et ce qui restait des terres de la plaine fut compris dans le lotissement d'Alfortville.

Château-Gaillard.

Nous en avons fini avec les fiefs et seigneuries. Le Château-Gaillard, dont la possesion ne donnait aucun privilège, semble s'être confondu autrefois avec Charentonneau, et porter le même nom, ou, peut-être bien, celui de Charentonnet; toujours est-il qu'en 1629 il portait déjà le nom qu'il a conservé.

Nous avons dit, d'autre part, qu'un nommé Louis

Léjay, chevalier de l'ordre de Saint-Jean de Jérusalem, avait fait un don à la Fabrique de Maisons, à l'occasion de son projet de faire construire « un corps de logis et dépendances en ce lieu qui est Château-Gaillard ». Il s'agissait probablement de restauration, ou d'agrandissement.

En 1671, un sieur René Gaillard achète le domaine de Charentonneau; peut-être était-il déjà propriétaire du château voisin? D'autre part, on trouve, en 1720, un abbé Gaillard, qui fait un don à la paroisse pour l'instruction des jeunes filles; était-il de la même famille? et lequel, du château ou de l'homme, avait donné son nom à l'autre?

Sur une carte de 1672, le territoire de la commune ne porte d'autres indications que des figures semblant vouloir représenter des constructions surmontées d'une croix; elles sont au nombre de quatre et ont, à côté, les noms de Maisons, Alfort, Château-Gaillard et Charentonneau. On peut supposer qu'on a voulu marquer les endroits où existaient des églises ou des chapelles; il y en avait effectivement aux quatre lieux indiqués.

Plus tard, en 1731, sur une autre carte, le Château-Gaillard est encore désigné, mais avec cette indication : Château-Gaillard ou Ville-Maison. On ne saurait préciser s'il y avait là deux propriétés ou une seule, car nous trouvons, en 1726, mention de Ville-Maison, en même temps que Château-Gaillard. La connaissance des lieux nous fait pencher pour l'unité.

En 1789, ce château appartenait à Mme de Lety; les enclos et jardin comportaient 15 arpents et demi, et la maison était évaluée 400 livres de valeur locative; il appartint ensuite à M. Pierre Frusy, et Marie Pradel, son épouse; ils le vendirent en 1808 au marquis Dodun de Kéroman, qui fut maire de la commune de 1813 à 1855.

Il resta dans la famille, qui le fit réparer à diverses reprises, et l'habita jusqu'en 1869, époque où il fut morcelé par M. Rubigny, possesseur actuel du principal corps de logis, qu'il a divisé en logements: c'est une grande bâtisse banale, flanquée de deux pavillons plus bas. Les communs, dont une pièce servait de chapelle, ainsi que la ferme, n'ont également subi que peu de transformations.

L'enclos était limité du côté de l'entrée par l'ancien chemin de Brie, qui longeait les granges; à droite par le chemin d'Enfer; au fond par le chemin de halage; à gauche par un saut de loup et un mur soutenant une terrasse, ombragée par deux rangées de tilleuls. On y arrivait par une avenue plantée également de tilleuls, qui se continuait jusqu'au chemin d'Enfer.

Le parc était de plantation fort ancienne, et très ombreux.

La pièce de terre s'étendant jusqu'au *chemin du Moulin* (rue de l'Amiral-Courbet) et celle en avant, jusqu'à la route de Créteil, en dépendaient; les rues Henri, Charles, Claude, Eugène et celle du Château, ont été tracées sur cette propriété. Les quatre premières ont pris les prénoms des fils de l'ancien maire.

Malgré la division, on retrouve encore en maints endroits les restes des clôtures des avenues et du parc.

La portion de terrain en avant, dans la zone du fort, a été exploitée en carrière et remblayée ensuite.

En dépendaient également : les terrains situés derrière le Moulin Neuf jusqu'aux Sept Arbres, et, à Alfortville, ceux sur lesquels a été créé le quartier dit *des Fleurs*.

Propriété Véron.

Cette propriété ne comportait, au commencement du siècle, que les écuries, remises et dépendances, ainsi que l'habitation, affectées au service de la poste aux chevaux, et un jardin de peu d'étendue.

L'hôtel, aujourd'hui divisé en appartements, dut être construit à la fin du premier Empire ; le parc fut clos et planté lors de la construction de la route et du pont d'Ivry.

Plus tard, une partie fut vendue pour y installer la pompe de la ville de Paris, employée aujourd'hui à refouler les eaux d'égout dans la plaine de Créteil.

Le chemin de fer coupa le parc en deux ; la Compagnie dut verser une grosse indemnité et faire un pont pour la communication entre les deux tronçons ; la rue Maire y aboutit.

Cette propriété comprenait presque tout le rectangle limité par la Grande-Rue d'Alfort, le chemin de halage de la Marne, la rue du Pont-d'Ivry, l'alignement de la pompe, vers la Seine. Le parc était dessiné à l'anglaise, avec une cascade et un lac en miniature ; les arbres en furent coupés par le génie au début de la guerre de 1870 ; le morcellement eut lieu en 1871 ; les rues du Parc-Maire, Bourgelat, de Villeneuve et Véron y furent ouvertes ; ces trois dernières n'étaient que des prolongements de voies déjà existantes. (Maire est le nom d'une bienfaitrice de la commune.)

M. Labbé, directeur du relai de poste et fermier, en fut le créateur ; elle passa ensuite à son gendre, qui a été maire de 1855 à 1870 ; ses héritiers, la famille de Chavagnac, possèdent encore la maison d'habitation et les immeubles de rapport, en bordure de la Grande-Rue.

Nous avons dit que des appartements ont été aménagés dans l'hôtel ; les écuries et remises de la poste sont occupées par la distillerie Plasse, et le dépôt des tramways est construit sur l'emplacement du potager.

Château de Saint-Georges.

La propriété qui devint le château de Saint-Georges, quoique d'origine ancienne, ne fut à aucune époque un manoir féodal ; lorsqu'on la mentionne pour la première fois, elle ne semble pas avoir de nom particulier : on lui donne, comme surface, 14 arpents.

Elle eut pour possesseurs successifs :

En 1640, Philippe Platon ;

En 1656, Jacques de Montbize ;

En 1659, Guillaume Milles, maréchal de camp ;

En 1703, Philippe Charpentier, doyen du Grand Conseil ;

En 1728, Phélippeaux, chevalier, seigneur d'Outzeuilles, maître des requêtes ;

? Demoiselle Phélippeaux, sa fille.

Nous ignorons si elle resta à la famille jusqu'à la Révolution, mais, à la date de 1791, nous trouvons cette description, qui s'y applique certainement :

« Déclaration de biens par le sieur Pascal (Maisons, 1791) : 1° une maison bourgeoise, non encore achevée, située sur le Grand-Chemin (Grande-Rue) à l'entrée du village, ayant rez-de-chaussée et deux étages, contenant environ 111 toises ; bâtiments pour exploitations, écuries, étables, greniers, hangars et cours, contenant environ 305 toises ;

« 2° Jardin clos, attenant à la maison, partie en arbres fruitiers nouvellement plantés, partie en jardinage, et le reste en labours, contenant 11 arpents 68 perches ; plus, en bois, 2 arpents 5 perches ; le tout borné un bout par la Petite-Rue (rue de Charentonneau), un bout aux terres de l'archevêché, le déclarant, M. de Chambray, la Fabrique, de Secrétin ; un côté, le Grand-Chemin, veuve Châtard, Coudray ;

« 3° Un vieux corps de bâtiment dans la Petite-Rue, ayant rez-de-chaussée et un étage ;

« 4° Un autre bâtiment, logement de fermier, cour et petit jardin ;

« 5° Terre de labour, en face de la maison bourgeoise... tenant au Grand-Chemin et à la rue Jean. »

Les déclarations de biens se faisaient aussitôt après l'acquisition ; cette maison en construction, que venait d'acheter M. Pascal, était probablement le château actuel, qui remplaçait l'ancien devenu trop vieux.

En 1797, un sieur Martinon en est propriétaire; Pierre de Lauvigny et Laure de Carderac d'Havricourt, son épouse, lui succèdent, et le revendent en 1814 au baron de Saint-Georges, administrateur général des Messageries Royales. Agrandi par les possesseurs précédents, le château fut amélioré considérablement par M. de Saint-Georges. Il passa ensuite par héritage à la famille Delaporte, qui le vendit, en 1868, à M. Homo, lequel l'a morcelé aussitôt.

Le parc, fort bien aménagé, formait avec l'ensemble de la propriété un rectangle presque régulier, clos de murs et sauts de loup, compris entre la Grande-Rue de Maisons, celle de Charentonneau, la partie du Chemin-Vert déclassée et devenue carrière, et les terrains militaires, moins une emprise, à droite de la façade, à l'angle des deux rues, appartenant à divers.

Dessiné à l'anglaise, on y voyait tout ce qui constitue le jardin d'agrément : bassins, rivières, ponts, rochers, labyrinthe, glacière, etc. ; une pompe à manège alimentait la propriété de l'eau nécessaire.

Les bâtiments subsistent encore en grande partie ; le château est vaste ; les façades en sont assez ornées de balcons et de moulures ; l'aspect en est monumental quoique un peu lourd. Il a été divisé par le propriétaire actuel, M. Ricois, en plusieurs appartements, après avoir été occupé par une école préparatoire à l'École vétérinaire d'Alfort.

Les rues Delaporte, Saint-Georges et des Écoles ont été percées sur cette propriété ; les deux premières ont pris les noms de ses anciens possesseurs ; le général Cara Saint-Cyr l'habitait en l'an IX lorsqu'il maria sa belle-fille au général Charpentier.

Château de Reghat.

(Usine Springer.)

L'immeuble de MM. Springer et Cie a appartenu à un sieur Pierre de Reghat, qui l'avait acheté en trois lots :

1° Le 9 août 1773, de Philippe Morin;

2° Le 21 janvier 1780, de Charles de Seiglière de Belle-Forière de Soyecourt;

3° Le 21 juin 1783, de Pierre Langlet et Madeleine Leclerq.

Il appartint ensuite indivisément, en l'an V, à Marie Jausset, veuve de Reghat ; Jeanne de Reghat, épouse de Pierre de Thilusson et veuve de Honoré de Vintimille de Lascarie ; et Pierre de Reghat de Quincy. Puis, en l'an XIII, à Mme Meyrand, veuve de Jean Hugaly ; et après, à Jean Hugaly-Meyrand et Jean Hugaly-Despradeaux, qui le vendirent en 1817 à M. Pierre Lecouteux. Ce dernier céda le château et le parc, en 1823, à M. Colin et aux époux de Merville ; M. Lagoutte en devint acquéreur en 1856, et les vendit, en 1871, à MM. Springer et Cie pour y installer la magnifique usine que l'on connaît.

On retrouve encore toutes les anciennes dispositions de cette belle propriété. L'habitation, avec son entrée sur la rue Victor-Hugo, en face de la rue Carnot, n'a guère été modifiée. La terrasse regardant la plaine et l'avenue de tilleuls qui la couronne sont restées telles qu'autrefois; seule une partie du parc et des jardins a été détruite pour la construction des bâtiments de l'usine.

La ferme et les dépendances, qui occupaient tout un côté de la rue Marceau, avec retour sur celle de Victor-Hugo et la Grande-Rue, a été distraite de l'ensemble avec les terres et conservée par M. Lecouteux, pour passer à son héritier, M. Gaidelin-Lamy, et ensuite à son fils, qui en est actuellement possesseur.

Les bâtiments d'exploitation de cette ferme ont changé souvent de destination ; ils servirent successivement de caserne pour les sapeurs du génie, pendant la construction du fort, puis de distillerie et de magasins.

Plus bas, d'autres grandes constructions plus modernes ont été d'abord pensionnat de demoiselles, puis caserne d'infanterie, pour devenir la manufacture de caoutchouc de M. Fernand Guillaume.

Propriétés diverses.

Nous n'avons rien trouvé de marquant concernant la propriété de M. Durst, dont la maison d'habitation fait face à la rue Marceau et qui s'étend en bordure des rues Victor-Hugo, Carnot et du Chemin-Vert.

Elle existait déjà à peu près dans ses dimensions actuelles en 1760. En 1797, elle paraît appartenir à un sieur Minet et comporte un pavillon à l'angle du Chemin-Vert et de celui de l'Échat; l'exploitation en carrières en est commencée.

En 1813, et jusqu'en 1827, M. Mayer d'Alembert en est possesseur; elle appartint ensuite successivement à MM. Chevallier, Morel et Piot.

L'exploitation de la carrière fut continuée par M. Mayeux et terminée, en cavage, par M. Piot.

En 1870, il y avait dans le parc de fort beaux arbres, qui, comme tant d'autres, furent coupés par le génie militaire, qui fut baptisé à Maisons, comme ailleurs, du nom de *génie malfaisant*; la maison, déjà ancienne, fut également très éprouvée; M. Durst a replanté le parc et remis à neuf les constructions.

En 1893, une partie des jardins en a été distraite pour l'édification de la belle fabrique de pâtes alimentaires de MM. Mirand et Courtine, ouverte l'année suivante.

Citons encore la maison portant actuellement le numéro 88 de la Grande-Rue, qui fut habitée par le général baron Dornier, maréchal de camp, décoré en 1792 de la médaille militaire helvétique ; il avait fait toutes les campagnes de la République et de l'Empire et mourut à Maisons en 1844 ; il repose dans le cimetière de la commune.

La propriété voisine, traversée par le prolongement de la rue Saint-Georges, a appartenu à M. Soubirane, évêque d'Alger.

N'ayant rien pu recueillir d'intéressant concernant d'autres immeubles, nous arrêtons là ce chapitre.

SIXIÈME PARTIE

ÉTABLISSEMENTS INDUSTRIELS. — ÉDIFICES PUBLICS. PROPRIÉTÉS COMMUNALES.

Le Moulin Neuf.

Par le fait de l'incendie du moulin de Charentonneau, survenu en 1883, le Moulin Neuf est devenu le plus vieil établissement industriel de la commune, car, malgré son nom, il est déjà fort ancien.

Avant qu'il n'existât, en dehors de celui de Charentonneau, il y en avait deux autres, qui devaient être placés, l'un en face du chemin d'Enfer, l'autre un peu plus haut, assis chacun sur l'une des îles non encore réunies par la digue.

Le premier, en venant du pont, était désigné, en 1440, sous le nom de Petit Moulin, et il est probable que c'est de l'autre qu'il s'agit quand on cite, en 1470 et 1180, le moulin des Portes. Plus tard, ils sont appelés les moulins d'Enfer et Damnation; de là, certainement, le nom du chemin d'Enfer. Disparus nous ne savons pourquoi ni comment, ils furent remplacés par celui actuel, qui était loin d'avoir au début l'importance que nous lui connaissons. Il semble figurer sur la carte des chasses (1773);

pendant la Révolution, il est question à diverses reprises du Moulin Neuf, mais nous ignorons depuis combien de temps il existait.

A la fin du dernier siècle et au commencement de celui-ci, il appartenait à une famille Margueritte ; il devint ensuite la propriété de M. Grimoult ; M. Jouët en hérita, et le vendit plus tard à M. Rieffel, le propriétaire actuel, qui a adjoint à la roue hydraulique une machine à vapeur, puis remplacé les meules par des cylindres, et considérablement agrandi les bâtiments.

Distillerie d'Alfort.

Il y eut d'abord une fabrique de papier fondée par M. Gentil ; son fils la remplaça par une distillerie, qui faisait déjà parler d'elle en 1838, à cause des odeurs désagréables qui s'en échappaient. On y fabriquait de l'alcool de pommes de terre, de mélasses et de fruits avariés, qui avaient le don d'attirer les guêpes et les galopins du quartier ; plus tard, elle appartint à MM. Magnan et Gosselin, puis à M. Magnan seul. MM. Corbrion et Plasse lui succédèrent, et ensuite M. Plasse.

Cet établissement a été également considérablement agrandi, par l'annexion des écuries et dépendances de l'ancienne Poste aux chevaux ; on y fait la rectification d'alcool de betteraves, les alcools dénaturés, l'absinthe et l'amer.

Un incendie l'a en partie détruit le 3 décembre 1897. L'explosion d'un rectificateur projeta de l'alcool enflammé sur la maison d'habitation. M. et

couronné par une corniche ornée de corbeaux.

« Le toit en pierres qui termine ce clocher a la forme d'une pyramide octogonale flanquée de quatre pyramidions triangulaires.

« L'église de Maisons-Alfort, construite sur plan rectangulaire, se compose à l'intérieur d'une grande nef terminée par un sanctuaire que longe du côté droit un seul collatéral.

« La grande nef a dans le sens de la longueur quatre travées accusées par des piliers circulaires dont les chapiteaux reçoivent trois petites colonnettes correspondant aux diverses parties de la voûte de la nef; ces colonnettes supportent d'autre part la retombée des arcades ogivales ouvertes sur le bas côté, et les nervures qui accusent la voûte.

« Les groupes de colonnettes précitées sont portés à gauche par des culs-de-lampe qui décorent le mur à hauteur des chapiteaux des piliers qui séparent la nef de l'unique collatéral.

« Le sanctuaire, auquel on accède par trois degrés, comprend deux travées, séparées par des piliers hexagonaux, sur lesquels reposent les sommiers de la voûte.

« Au chevet s'appuie le maître-autel, surmonté d'un retable, qu'accusent deux colonnes composites en marbre supportant un fronton triangulaire ; le côté opposé, au-dessus de la porte, est occupé par la tribune des orgues.

PEINTURES.

La sainte Famille (d'après Lebrun),	auteur inconnu.
L'Adoration des Mages,	—
Jésus et sainte Véronique,	—

Le Baptême de Clovis, auteur inconnu.
Jésus et la Samaritaine, —
Saint Jérôme (école espagnole), —
La Vierge et l'enfant Jésus, —
Saint François, —
La Vierge et l'enfant Jésus (école italienne), —
— — — —

VITRAUX.

Saint Hilaire, par Otten, peintre verrier.
Saint Rémy, — —

L'auteur de cette notice n'a pas remarqué que, des deux côtés, sous le toit, il y a des corbeaux en pierre, dont la sculpture fantaisiste diffère pour chacun d'eux, et que le pignon derrière l'autel, de construction très ancienne, comporte des baies ogivales bouchées par de la maçonnerie.

Nous avons dit que de nombreux corps sont enterrés dans l'église ; mais il n'y a qu'une inscription indiquant que le cœur d'un curé nommé Blanche, mort en 1822, y repose.

Une plaque de marbre placée près de l'entrée de la sacristie porte cette mention : « A la mémoire de Chapuis, maître de poste, procureur fiscal au baillage de Charenton, conseiller du roi au grenier à sel, décédé en 1808, enterré dans le cimetière de la paroisse, fondateur de rentes en faveur des pauvres de cette commune.

LA MAIRIE.

On a lu l'historique de la propriété sur laquelle est édifiée la nouvelle mairie ; nous allons décrire cet édifice, non pas pour nos contemporains, qui peuvent la visiter, mais pour nos descendants, si ce livre nous survit.

Les façades sont dans le style Louis XIII; briques encadrées de pierres, mais sans aucune sculpture; la partie centrale forme légèrement avant-corps, et comporte un balcon de pierre entouré par des balustres et supporté dans la hauteur du rez-de-chaussée par des colonnes; puis un étage élevé, couronné d'un campanile. Les deux côtés, formant ailes, ont également un étage carré et sont surmontés d'un comble brisé, percé de lucarnes.

La grande dimension du bâtiment, vu de face, ainsi que le campanile, lui donnent un aspect réellement monumental.

Les dispositions intérieures sont les suivantes: au rez-de-chaussée, auquel on accède par un perron de quelques marches, on trouve un péristyle éclairé par un vitrage fermant le dessous du balcon, et un vestibule ayant presque toute la longueur de la façade; ils donnent accès : en face, aux bureaux de l'état civil; à gauche, à la suite, au cabinet du secrétaire; puis à une salle de commissions et au cabinet du maire; et, au fond, à un escalier de service. Revenant à droite, on rencontre l'escalier d'honneur, le bureau de bienfaisance et celui du percepteur.

Au premier étage, desservi par un bel escalier, il y a, à gauche, sur le palier, un salon d'attente, et, à droite, la salle des mariages, celle-ci servant également pour les séances et les fêtes; à l'extrémité, communiquant avec le petit escalier, un vestiaire pour les conseillers.

Au deuxième étage, au-dessus du vestiaire, une

salle d'archives, et à l'autre bout un logement. Vu la hauteur de la grande salle, il n'y a au-dessus qu'un grenier.

Sur le derrière, du côté du parc, existe un perron à double révolution, qui a été conservé ; il faisait autrefois communiquer le jardin avec l'ancienne salle à manger, devenue bureau.

Un pavillon indépendant renferme la bibliothèque et des logements d'employés. Le jardin anglais du devant est clos, du côté de la rue, par une grille monumentale et la loge du concierge.

Ces dispositions font honneur à M. Guyon, architecte qui a dirigé les travaux.

L'ancienne mairie.

L'ancienne mairie forme un groupe de constructions qui n'ont rien de remarquable comme architecture, mais sur lesquels on pourra écrire désormais : Mutualité, Solidarité.

Les anciens bureaux servent, pour une partie, aux réunions des diverses sociétés de la commune ; un refuge pour les voyageurs sans ressources est aménagé dans l'un d'eux. Au premier étage, l'ancienne bibliothèque est concédée à la Société des dames françaises. Ce qui fut la salle des mariages sert pour les conférences et les réunions publiques, et, dans une partie de la cour, sont installés la remise des pompes et le dépôt du matériel de voirie.

Le bureau des postes et télégraphes, construit par l'État, et devant revenir à la commune à la fin du bail, occupe l'angle de la grande rue et de celle de Charentonneau.

Les écoles.

Le premier bâtiment servant d'école fut, avant 1793, le presbytère, puis la mairie de la place de l'Église; mais ce ne fut qu'en 1865 que l'enseignement fut réellement chez lui, lorsqu'on construisit le bâtiment occupé actuellement par les classes de filles, servant à l'origine pour les deux sexes. De la Révolution à 1835, les garçons durent se loger où ils purent, les filles attendirent encore plus longtemps; en 1834, elles occupaient, en partie, l'ancien presbytère, devenu propriété privée; plus tard, elles logeaient où est actuellement le marché; puis, vers 1843, elles allèrent en face au couvent et cessèrent d'avoir des institutrices laïques.

L'école des filles contient cinq classes, toutes au rez-de-chaussée. L'école maternelle, à la suite, de la même époque, renferme un préau et une classe. Celle des garçons, bâtie en 1884, a sept classes, également au rez-de-chaussée, et un préau couvert pouvant servir pour des réunions publiques; chacune de ces écoles a une cour spacieuse.

Le groupe scolaire d'Alfort, construit en 1888, possède huit classes, dont quatre au rez-de-chaussée, et autant au premier; une bibliothèque publique y est annexée. Derrière, un vaste préau sert, à l'occasion, pour des bals, concerts et réunions.

L'école maternelle contient deux classes et un préau, l'ensemble comporte trois vastes cours de récréation.

Le marché.

Le marché de Maisons occupe un terrain communal; édifié en 1888, et agrandi depuis, il constitue une grande halle unique; l'ossature en est métallique et les remplissages en bois; il est couvert en zinc et dallé en ciment. Construit entièrement aux frais du concessionnaire, il reviendra à la commune en 1906.

Le cimetière.

Installé où il est, en 1825, agrandi à diverses reprises, le cimetière a une superficie de près de 18 000 mètres. Les clôtures ont été faites en 1872 et le logement du gardien en 1875; les murs nécessités par le dernier agrandissement viennent d'être construits.

Dans sa partie ancienne, on remarque les sépultures du général Dornier et de la princesse de Nassau, déjà citées; celles de Paul-Jacques Marie, élève de l'École d'Alfort, décédé dans cet établissement en 1840; Edme-Christophe Roger, qui fut maire de la commune de 1800 à 1812, après l'avoir été une première fois en 1793, et agent municipal en 1796 (il mourut en 1833, à l'âge de quatre-vingt-un ans); baronne Belesky, née de Siry; des familles Grimoult, de Saint-Georges-Delaporte et Yvart, et de celles, très anciennes, de Merville, Descalognes-Lecouteux, Pilier, Maire, etc., etc. La plupart sont abandonnées; celle de Roger est absolument en ruines.

Au fond, en face d'une avenue, on trouve le

monument Dodun, sur la même ligne, à droite, celui des soldats français, à gauche, la sépulture d'Ildefonse Rousset, remarquable par son buste en marbre, hommage de ses collaborateurs du *National*, et, plus loin, celle des soldats allemands.

LE PRESBYTÈRE.

Le presbytère porte le n° 6 de la rue Victor-Hugo; c'est un pavillon d'un étage dont la façade principale donne sur un jardin de peu d'étendue; il a remplacé celui vendu en 1793, qui était derrière l'église.

CADASTRE DE 1841.

Nomenclature des lieux dits (1).

Section A d'ALFORT.	Section B du BOURG.
Alfort.	Le Bourg (Maisons).
École vétérinaire.	La Nouvelle Colonie.
Le Moulin Neuf.	Les Carrières.
Charentonneau.	Les Juliottes ou l'Échat.
Château-Gaillard.	Les Montants.
Sous la ferme de la B^le^ Image.	Petit Champ Corbilly.
La Grande Pièce de Char^neau^.	Croix des Ouches.
Grand Champ Corbilly.	Le Buisson.
La Croix Brisée.	L'Échat.
Le Buisson Joyeux.	La Maison des Briques.
Les Bordières.	Le Chemin du Bois.
Les Préviens.	Les Buttes.
La Butte de Grammont.	Le Champ des Noyers.
Ile d'Enfer.	Les Bouvets.
Ile de Charentonneau.	Les Quarante Arpents.

(1) Le territoire de Maisons-Alfort comprend les sections A et B en entier, moins partie des *Quarante Arpents*, et plus, dans la section C, le *Camp*, et partie du *Pont Japhet* et de la *Vigne à Roger*. Le reste dépend d'Alfortville.

Section C de la SEINE.

Le Camp.
Le Pont Japhet.
La Vigne à Roger.
Le Nassier ou Grand Cornet.
La Bosse de Marne.
Les Osiers.
Le Port-à-l'Anglais.
Le Chemin de Jean.
La Maison de l'Américain.
La Grande Noue.
Cayenne.
Les Essertes ou la Haye Biais.
Le Chemin des Vaches.
Champoutre.
Les Perruchets.
Les Petits Carreaux.
Le Fossé du Marais.
Butte de Villiers.
Pont des Vingt Arpents.
Le Deffoie.
Sous les Marais.
Chantereine.
Fosse de Villiers.
En Villiers.
Ile au Cointre.
Ile Saint-Pierre.

SEPTIÈME PARTIE

RÉSUMÉ ADMINISTRATIF ET FINANCIER

Sachant que la *monographie* de nos communes sera faite bientôt par les soins de l'administration départementale, nous ne nous étendrons pas sur les détails administratifs, laissant ce soin à cette publication, qui, si on en juge par les parties parues, ne saurait manquer d'être intéressante.

Nous allons réunir dans quelques tableaux la liste des maires qui ont successivement administré la commune, les comptes de dépenses, les chiffres de la population à diverses époques, un peu de statistique et, enfin, un résumé de la situation actuelle.

Syndics et maires.

Girard, laboureur de vignes, à Maisons, premier syndic connu ; 1582.

Coudray, fermier, à Maisons, dernier syndic ; 1787.

Roger père, marchand de bois à Alfort, premier maire ; 1788.

Bernard, aubergiste, à Alfort, maire ; 1791.

Poret, voiturier (?), à Maisons, maire ; 1793.

Roger fils, marchand de bois, à Alfort, maire ; 1793.

Brisset, cultivateur, à Maisons, agent municipal ; 1795.

Roger fils, marchand de bois, à Alfort, agent municipal ; 1796.

Petiteau, habitant à Maisons, agent municipal; 1796.

Lajoie, marbrier, à Maisons, agent municipal; 1797.

François (dit Alexandre), de Charenton, agent municipal; 1797.

Roger fils, marchand de bois, à Alfort, maire; 1800.

Dodun de Kéroman, propriétaire, à Alfort, maire; 1813.

Véron, propriétaire, à Alfort, maire; 1855.

Bourguignon, ancien entrepreneur, à Maisons, maire; 1871.

Faitot, constructeur, à Maisons, maire; 1878.

Philippot, maraîcher, à Alfortville, maire; 1878.

Busteau, marchand de bois, à Maisons, maire; 1881.

Durst, industriel, à Maisons, maire; 1884.

Chenal, ancien entrepreneur, à Alfort, maire; 1896.

C'est M. **Dodun** qui détient, et pour longtemps, sinon pour toujours, le « record » de la durée.

Tableau des dépenses et de la population jusqu'en 1896.

Dépenses.

Années.	Désignations.	Sommes.
1679	En livres, sols et deniers......	318^{l}
1688	— —	628^{l} 15^{s} 6^{d}
1720	— —	407^{l} 15^{s} »
1743	— —	1105^{l} 12^{s} »
1788	— —	978^{l} 2^{s} »
1793	— —	9187^{l} 6^{s} »
An IX	En francs et centimes.........	1.682
1811	— —	2.491 41
1827	— —	2.318 97
1833	— —	3.272 70
1842	— —	5.915
1847	— —	5.329 19
1855	— —	8.783
1856	— —	10.340
1871	— —	59.304 52
1885	— —	224.982 81
1886	— —	155.128 89
1896	— —	234.922 71

Population.

Années.	Désignations.	Habitants.
1325	Évaluation........................	400
1600	—	500
1709	95 feux, évaluation................	475
1726	Dénombrement	450
1745	92 feux, évaluation................	460
1787	153 —	765
1789	144 —	720
1798	Dénombrement.....................	600
1801	—	784
1817	—	762
1831	—	1.257
1841	—	1.892
1851	—	1.812
1861	—	3.748
1872	—	5.890
1881	—	9.174
1886	—	7.034
1896	—	9.416

En examinant le tableau des dépenses, qui ne comporte que celles annuelles, non compris le produit des emprunts ou des subventions, on remarque d'abord la différence considérable qui existe entre celles de 1788, 1793 et l'an IX.

Le gros chiffre de 1793 provient de l'emploi d'assignats, et du mouvement de fonds causé par les ateliers de secours ; achat de pierres et de filasse, paiement de la façon.

Plus tard, en 1886, l'abaissement résulte de la séparation d'Alfortville.

En ce qui concerne la population, jusqu'en 1798, il y eut peu de dénombrements et ils étaient faits par feux, ce qui n'avait rien de bien précis.

Voici, à titre de comparaison, le résultat de ceux des communes du voisinage, en 1745 :

Charenton-St-Maurice	115	feux.
St-Maur	164	—
Créteil	111	—
Bonneuil	27	—
Maisons-près-Charenton	92	—

De 1787 à 1798, la population baissa, à cause des événements politiques, et ne se releva qu'en 1801.

Pour 1798, il y a lieu d'ajouter aux 600 habitants, l'École vétérinaire, pour 250 personnes prises à part. En 1787 et 1789, le compte ayant été fait par feux, elle devait être en dehors ; nous ignorons si en 1801 et ensuite, elle fut comprise dans le chiffre total.

De 1841 à 1851, il y eut encore une légère baisse, résultant très probablement de la suppression du relai de poste d'Alfort, qui obligea une partie de la population de ce quartier à aller chercher du travail ailleurs. La révolution de 1848 y contribua également.

Afin qu'on puisse comparer, nous donnons quelques indications sur le contingent des impositions de Maisons-Alfort à diverses époques :

1788	Taille	3966l 25s
	Accessoires	2397 »
	Capitations	2510 »
	Corvées	546l 17s
	Vingtièmes	3161l 2s 10d
	Total	12582l 4s 10d

Il n'était rien payé au profit de la commune, et l'organisation départementale n'existait pas encore.

Cela représente environ 17 livres 47 centièmes par tête.

1812	Impôt foncier	13.343 fr	39 c
	— des portes et fenêtres	1.714	85
	Taxe personnelle et mobilière	4.603	70
	Patentes	3.159	80
	Total	22.821	84

Cette fois, les centimes communaux sont compris.

Soit, pour environ 770 habitants, 30 fr. 90 c. par unité. Avec ce nouveau système, les charges avaient été augmentées dans une proportion considérable.

1896	Impôt foncier	67.157 fr	29 c
	— portes et fenêtres	61.540	19
	Taxe personnelle et mobilière	29.051	28
	Patentes	68.977	97
	Total	226.720	71

Dont pour l'État	128.918 fr	48 c
Le département	32.466	17
La commune	65.538	06
Total égal	226.720	71

Il ne peut être établi de comparaisons bien exactes entre ces chiffres et les précédents, parce que, en 1812, le territoire de la commune, et, par suite, l'impôt foncier, étaient répartis entre environ 100 propriétaires, dont une douzaine en avaient la plus grosse part, tandis qu'en 1896, malgré que 330 hectares en aient été distraits pour Alfortville, 1150 personnes se partagent ce qu'il en reste.

Un peu de statistique.

1896 *Autres impositions perçues.*

Droits de régie (environ)	200.000 fr
Droits d'entrée	26.007
Octroi de banlieue	33.560
Octroi communal	118.310

Consommation.

Vin	23.216h 32l
Alcool	504h 66l
Cidre	1.192h 51l
Bière	980h 26l
Viandes diverses	347.130 kilos.

État civil.

Naissances	202
Mariages	57
Décès	135
Conscrits	66

Voies de communications.

Routes nationales	2
Chemin de grande communication	1
Chemins vicinaux ordinaires	3
Chemin rural classé	1
Rues ou chemins communaux	39
Rues ou passages privés	15

Éclairage, eau, assainissement.

Becs de gaz (voies publiques)	165
Lampes à pétrole (voies publiques)	50
Bornes-fontaines	23
Bouches d'arrosage	21
Bouches spéciales d'incendies	0
Égouts	Environ 6 kilomètres et demi.

Propriétés communales.

Mairie, annexes et parc.
Ancienne mairie et salle de conférences.
Deux groupes scolaires complets.
Église et presbytère (chapelle privée à Alfort).
Cimetière.

Marché (un second à Alfort sur la voie publique).
Deux petites places publiques.
Deux remises de pompes et un portique.
Deux bibliothèques contenant ensemble 4.900 volumes (1).

Secours contre l'incendie.

Une subdivision de sapeurs-pompiers (2).
Quatre pompes, avec accessoires complets.
Un dévidoir.

Moyens de transport.

Une gare de chemin de fer.
Une ligne de tramways.
Un omnibus local.
Une ligne de bateaux et deux de tramways, aboutissant au pont de Charenton.

Divers.

Une brigade de gendarmerie.
Deux bureaux de poste, avec télégraphe et téléphone.
Trois fêtes annuelles de quartier.

Groupements.

Une section de la Société des Dames françaises.
Une section de la Société républicaine des conférences.
Société d'enseignement populaire.
Société de secours aux pompiers.
Caisse des écoles.
Société de secours mutuels (la Fraternelle).
Deux coopératives.
Deux fanfares (dont une privée).
Orphéon.
Société de tir à l'arc.
Société de pêcheurs à la ligne.
Deux cercles.

FINANCES.

Résumé du budget de 1896.

Centimes additionnels ordinaires 63 3/10... — — extraordinaires 20..	83 3/10
Valeur du centime communal............	843 fr 09 c

(1) Celle de Maisons possède une Encyclopédie de grande valeur, don de M. Jouët.
(2) Plus une subdivision privée (usine Springer).

RECETTES.

Produit des centimes		63.604 fr »
Droits d'octroi communal	117.825 »	143.825 »
— de banlieue	26.000 »	
Concessions des marchés	4.300 »	4.900 »
Subvention pour balayage	600 »	
Concessions dans le cimetière	6.200 »	7.000 »
Droits divers dans le cimetière	800 »	
Rentes sur l'État	1.455 75	6.155 75
Legs Simon et Duriez	600 »	
Locations de maisons	2.000 »	
Int^ts de fonds placés au trésor	2.100 »	
Droits de voirie	2.800 »	6.700 »
Permis de chasse	200 »	
Taxe sur les chiens	3.700 »	
Divers		675 »
Subvention de l'État pour la construction du groupe scolaire d'Alfort		2.069 96
Total		234.929 fr 71 c

DÉPENSES.

Administration communale.

Personnel	7.900 »	11.460 fr »
Service de la mairie et divers	3.560 »	
Service de la police générale	10.623 »	15.583 »
— municipale	4.540 »	
Service de la gendarmerie	220 »	
Cimetière, personnel	800 »	1.400 »
— divers	600 »	

Service de voirie.

Personnel	12.940 »	65.155 45
Entretien des chemins et rues	26.415 45	
Éclairage	11.600 »	
Eau	11.100 »	
Acquisitions de terrains pour alignements	3.100 »	
A REPORTER		93.598.45

REPORT		93.598.45

Octroi.

Personnel	14.000 »	16.250 »
Entretien des bureaux et divers.	2.250 »	

Pompiers.

Matériel et équipement	650 »	1.400 »
Subventions et secours	950 »	

Bienfaisance.

Subventions pour secours en nature	3.100 »	16.280 »
Secours directs en espèces	3.530 »	
Hospices et hôpitaux	9.650 »	

Instruction.

Personnel	17.750 »	27.250 »
Chauffage, éclairage, fournitures et divers	9.500 »	

Entretien des bâtiments communaux.

Architecte	600 »	4.650 »
Travaux divers	4.050 »	

Divers.

Perception des impositions	4.517 »
Bureaux de poste	4.150 »
Fêtes et subventions analogues	3.220 »
Bibliothèques. Personnel, achat de livres	750 »
Assurances diverses	400 »
Frais de casernement	1.200 »
Rachat du péage du pont d'Ivry	4.150 »
Emploi des legs Simon et Duriez	600 »
Imprévus	1.600 »
Subvention à l'omnibus	3.700 »
Divers non détaillés	950 50
Total	184.665 95
Amortissement d'emprunts	50.256 76
Total général	234.922fr71c

Dettes communales, amortissement compris.

Rachat du péage du pont d'Ivry............	24.900 »
Liquidation avec Alfortville...............	42.124 97
(Plus un titre de 679 francs de rente.)	
Emprunt pour les écoles d'Alfort, subvention déduite................................	243.180 96
Emprunt pour la mairie et autres travaux...	736.103 19
Total.................	1.046.309 12

Cette dette est considérable, mais les générations actuelles sont pressées de jouir, et le progrès a marché. Jusqu'en 1834, il n'y avait d'autre édifice communal que l'église ; les rues et chemins n'étaient pas entretenus ; il a fallu édifier deux groupes scolaires très importants, construire un réseau d'égouts, installer un nouveau cimetière, bâtir successivement trois mairies, à mesure que les services y étaient trop à l'étroit, assurer l'entretien et l'éclairage ; l'installation de fontaines sur toutes les voies de la commune.

Tous les corps élus luttent d'émulation pour améliorer immédiatement les services publics et les conditions de l'existence humaine. Peut-être va-t-on un peu vite ; mais ceux qui suivront trouveront, en même temps que les charges, les progrès qu'elles ont permis de réaliser.

C'est le passé ; parlons un peu du présent.

Depuis 1896, la marche en avant semble se presser encore davantage ; les rues des *Quarante Arpents* ont été classées dans la voirie urbaine et pourvues d'éclairage, l'eau est en cours d'installation. On trace d'autres rues dans les champs route de Villeneuve. Une ville est en train de naître à Charentonneau.

Des travaux sont en cours ou viennent d'être achevés, dans le cimetière pour sa clôture et son aménagement définitifs ; pour la mise en état de viabilité d'une partie de la rue d'Enfer, l'établissement d'un perré maçonné en amont du pont de Charenton, le prolongement de la rue Jouët, la construction d'une remise de pompes, d'un magasin pour le matériel de voirie, d'un refuge de nuit, l'installation de bouches d'incendie et d'arrosage, et enfin, des améliorations dans les écoles.

Les dettes résultant de la liquidation avec Alfortville et du rachat du péage du pont d'Ivry vont être payées.

De nouvelles réglementations, pour la répartition de la taxe mobilière, l'établissement de rues privées, le service de la voirie, et d'autres moins importantes, ont été établies ; le nombre de trains desservant Maisons et Alfortville a été augmenté.

Le système de l'hospitalisation à domicile des vieillards commence à être mis en application ; les traitements d'une partie des employés communaux ont été augmentés et une caisse de retraite a été organisée à leur profit. Si on envisage l'avenir, on entrevoit comme prochaine l'installation de tramways électriques desservant Maisons, le remplacement de l'éclairage au gaz par l'électricité, l'établissement de trains de banlieue sur la ligne P.-L.-M., la suppression des passages à niveau et la construction du pont de Vitry, avec voie d'accès partant de Maisons et passant par-dessus le chemin de fer.

On peut espérer aussi, dans un avenir plus éloigné, l'abaissement du prix du gaz et de l'eau, la suppression de la servitude militaire, le dragage de la Marne jusqu'à Créteil, pour la rendre praticable aux bateaux omnibus ; le tracé d'une route départementale de Joinville à Vitry, avec pont à l'écluse de Gravelle ; la construction d'une passerelle en face le Plateau, donnant accès directement à Saint-Maurice et au bois de Vincennes ; la construction d'un groupe scolaire à Charentonneau et l'installation de crèches ; sans compter bien d'autres créations et transformations qu'on ne peut prévoir, et qui seront amenées par la force des choses.

A noter en passant, que pour la première fois, en octobre 1897, dans une élection partielle, un socialiste-révolutionnaire est entré au conseil, élu par 417 voix sur 2186 électeurs inscrits, et 1076 votants.

La commune de Maisons-Alfort a, pour armes parlantes, une ruche entourée d'abeilles.

HUITIÈME PARTIE

ALFORTVILLE DEPUIS 1885

Alfortville, né en 1862, baptisé (laïquement) en...? et émancipé en 1885, eut une croissance beaucoup plus rapide que Maisons-Alfort.

On dit que Perrié fut son parrain, son père est M. François qui en fit les premiers morcellements, enfin son précepteur et émancipateur fut M. Meynet, qui eut la présidence du syndicat organisé en vue de la séparation et qui mit au service de cette idée toute son intelligence et son activité. On ne pouvait mieux choisir.

Il fallait un véritable courage pour entreprendre de fonder et d'organiser une commune, dans un quartier où il y avait tout à faire.

Au moment où Alfortville se sépara, les rues étaient en cours d'établissement, sous la direction d'un syndicat ; les devis primitifs ne prévoyaient que 450 000 francs de dépenses, et elles atteignirent 750 000 francs! L'affaire ne fut réglée définitivement, par un procès, qu'en 1888, et chacun des riverains des rues établies eut à payer un supplément considérable ; beaucoup en furent à peu près ruinés.

Un groupe scolaire avait été construit en 1878 ; on y installa tant bien que mal la mairie.

Le premier conseil municipal fut composé de MM. :

Daunot, Armand, Surloppe, Deverny, Levillain, Mothiron, Madelain, Dircksen, Baudette, Julien, Grivotet, Tavard, Popinet, Jaclard, Warnier, Cosson, Pottier, Letellier, Pair, Pellé, Durand, Mirand, Moreau.

M. Warnier fut élu maire, MM. Mothiron et Surloppe adjoints.

Tout le monde se mit vaillamment à la besogne, la commune fut rapidement organisée.

En 1887, on édifiait une mairie qui coûta pour travaux seuls, 109371 francs ; puis, successivement, on fit le remblai de la berge de la Seine ; le perré du quai de Marne, qui causa une dépense de 74 972 francs ; des égouts, et une école maternelle, du prix de 43 973 francs. Entre temps, le cimetière était installé moyennant 28979 francs, et on avait fait le chemin pour y conduire. Le marché avait été reconstruit, aux frais du concessionnaire ; les trottoirs pavés, l'entretien, l'éclairage et l'alimentation d'eau des rues améliorés ; et enfin l'église construite par l'initiative privée.

Il y a peu d'exemples d'une progression aussi rapide.

Alfortville a été constitué en commune, par la loi du 1er avril 1885, dont voici la teneur :

« Art. 1er. — La section d'Alfortville est distraite de la commune de Maisons-Alfort, et formera à l'avenir une commune distincte, dont le chef-lieu est fixé au bourg d'Alfortville, qui en portera le nom.

« La limite entre les deux communes est fixée dans toute son étendue, par l'axe actuel de la ligne du chemin de fer P.-L.-M. conformément au tracé en vert du plan annexé à la présente loi.

« Les dispositions qui précèdent recevront leur exécution sans préjudice des droits d'usage et autres, qui pourraient être respectivement acquis.

« Art. 2. — La commune d'Alfortville paiera pendant dix années, à celle de Maisons-Alfort, une annuité de 1477 fr. 50 représentant le contingent mis à sa charge pour le rachat du pont d'Ivry.

« Art. 3. — La bibliothèque de Maisons-Alfort restera la propriété de cette commune, qui paiera à celle d'Alfortville, à titre de compensation, une somme de 1500 francs.

« La commune d'Alfortville pourra faire inhumer ses morts dans le cimetière de Maisons-Alfort pendant une période de temps qui ne pourra excéder trois ans.

« La part revenant aux indigents d'Alfortville, dans la rente sur l'État, de 955 francs, qui constitue l'actif du bureau de bienfaisance de Maisons-Alfort, est fixée à 426 francs de rentes.

« La présente loi, délibérée et adoptée par le Sénat et la Chambre des députés, sera exécutée comme loi de l'État.

« A Paris, le 1er avril 1885.

« *Le ministre de l'Intérieur* : Signé :

« Signé : Waldeck-Rousseau. Jules Grévy. »

La proportion pour le partage des fonds libres au moment de la séparation, et de ceux encaissés pendant un certain temps par la commune mère, fut fixée à 52 p. 100 pour Maisons, et 48 p. 100 pour Alfortville ; les titres de rentes furent partagés dans les mêmes conditions.

Le compte de liquidation ne fut terminé qu'en 1896, prenant date du 1er janvier 1895 ; Maisons-Alfort restait devoir 40 504 fr. 79, plus les intérêts à 2 p. 100 l'an jusqu'au paiement, et deux titres de rentes, produisant ensemble 679 francs. Il fut versé en 1897 un acompte de 10 000 francs.

De son côté, le bureau de bienfaisance a reçu un titre de 426 francs de rentes, et 7365 fr. 68 en espèces.

La commune d'Alfortville n'avait en réalité, lorsqu'elle se mit *dans ses meubles*, pour toute dot, que les 1500 fr. qui lui étaient alloués sur la valeur de la bibliothèque.

Le règlement définitif n'eut lieu qu'en 1898, par le paiement total, capital et intérêts.

Voici les noms des maires qui se sont succédé à Alfortville, depuis sa fondation, jusqu'en 1896 :

Warnier	1885	Mothiron..........	1889
Surloppe..........	1886	Laurent...........	1892
Meynet...........	1888	Lemainque........	1893

TABLEAU DES DÉPENSES ET DE LA POPULATION.

Dépenses.

Années.	Francs.
1886..........	121.717
1896..........	203.450

Population.

Années.	Habitants.
1886...........	6.603
1891...........	7.984
1896...........	11.634

Alfortville dut aussi à la fertilité de son sol, de voir germer deux journaux suburbains : *la Petite Banlieue*, fondée en 1880 par Villiers, et dirigée plus tard par M. Grébauval, actuellement conseiller municipal de Paris, et *la Voix des Communes*, fondée en 1884 par M. Meynet, qui en est toujours directeur.

Au moment où nous écrivons, d'autres progrès ont été accomplis, ou sont sur le point de l'être. Une passerelle reliant Alfortville à Charenton a été jetée sur la Marne, et deux groupes scolaires sont en cours de construction.

Toute une série de « colonies » se sont fondées à l'extrémité de son territoire.

Le *Dahomey*, le *Siam*, le *Congo*, et d'autres encore, qui ont cela de commun avec leurs homonymes, qu'elles ont un sérieux besoin des finances de la « Métropole » pour être mises en valeur, et améliorer leurs voies de communication.

Ces difficultés seront vaincues comme les autres.

La nouvelle commune a également cet avantage d'être parvenue rapidement à la notoriété ; il arrive fréquemment que les correspondances destinées à Alfort ou à Maisons sont adressées à Alfortville, sans doute plus connu, ce qui n'est pas sans causer quelque ennui aux destinataires.

Est-ce à cause des inondations ou, plutôt, du célèbre bigame?

Nous constatons sans conclure.

Ayant cité le bigame, nous ne pouvons éviter de conter son histoire invraisemblable :

Un nommé Lecouty, marié, habitant Paris, ayant

fréquemment affaire à Alfortville, fit la connaissance d'une charmante personne, Mlle Levanneur, dont les parents tenaient une auberge. Il lui fit la cour, et, voyant que la conclusion rêvée ne pourrait avoir lieu qu'après le prononcé du *oui* traditionnel, il la demanda en mariage et fut agréé.

Pour se donner l'apparence de l'aisance, il avait acquis un terrain à crédit, et fait commencer une construction.

Les formalités remplies, le mariage eut lieu le 5 mars 1885 à la mairie de Maisons-Alfort; M. Mignard, adjoint, présida à cette cérémonie.

Lecouty n'avait pas cessé d'habiter avec sa femme, et, le matin même, pour la quitter en toilette de gala, il avait prétexté le mariage d'un ami; l'épouse aimable lui avait mis sa cravate blanche.

Guidée par un pressentiment ou un renseignement, la légitime n° 1 se rendait quelques heures après à la mairie de Maisons, où elle se convainquait rapidement du crime de son époux. Le mariage était conclu; il s'agissait d'empêcher qu'il fût consommé; elle partit avec le secrétaire de la mairie pour Saint-Mandé, où avait lieu la noce, et arriva au milieu de la fête. Ayant fait demander le père de la mariée, elle lui expliqua la chose. Le coupable, mis en éveil par les allées et venues, put s'enfuir; poursuivi et atteint, il allait passer un mauvais quart d'heure entre les mains de son beau-père, quand des spectateurs, qui ne savaient rien de l'affaire, vinrent à son aide, prirent fait et cause pour lui, et houspillèrent quelque peu le poursuivant pendant que son gendre s'échappait.

Le bigame fut arrêté quelques jours après chez sa première femme, qui, peu rancunière, le cachait. Il fut naturellement jugé et condamné.

Mlle Levanneur, qui avait été mariée sans l'être, s'est remariée depuis pour de bon.

Nous ne trouvons, en fait de célébrités relatives ayant habité Alfortville, que M. Ducatel, ce piqueur des ponts et chaussées qui, le 21 mai 1871, facilita aux Versaillais l'entrée dans Paris sans assaut ; il possédait des immeubles et habita quelque temps rue des Quatre-Pavillons.

Alfortville possédait en 1896 :

Mairie et place de fêtes.
Groupe scolaire complet.
École maternelle.
Église (non communale).
Cimetière.
Marché.
Remise de pompes.
Bibliothèque.
Bureau de poste, télégraphe et téléphone.
Gendarmerie.
Subdivision de pompiers.
Gare de chemin de fer.
Deux stations de bateaux omnibus.
Service local de voitures.
Trois fêtes de quartier.
Caisse des écoles.
Société d'enseignement.
Société de secours aux pompiers.
Coopérative.
Fanfare.

Et les autres groupements de moindre importance que comporte une population de plus de 10000 habitants.

Avec l'aide du département, une voie de communication est projetée, pour relier d'une façon commode Alfortville et Choisy. Nous avons déjà parlé du futur pont de Vitry, et des travaux de viabilité qui sont la conséquence de sa construction. On peut espérer aussi que, prochainement, un quai sera établi tout le long de la Seine, mettant désormais le pays à l'abri des inondations ; à prévoir également : qu'une seconde gare sera établie sur la ligne P.-L.-M., à l'extrémité du pays ; que des tramways traverseront la commune et enfin qu'elle jouira bientôt de toutes les améliorations que comporte une agglomération de cette importance ; ce sont à peu près les mêmes que celles que nous avons énumérées pour Maisons-Alfort.

Résumé des transformations topographiques.

Nous avons décrit la commune de Maisons dans son ensemble, telle qu'elle devait être dans les premiers siècles de notre ère ; nous l'avons montrée également à diverses époques, essayant de faire assister le lecteur à sa transformation physique et administrative. Jusqu'en 1881, nous avons confondu Maisons-Alfort et Alfortville ; un chapitre spécial est ensuite consacré à cette dernière commune.

Nous allons de nouveau jeter un rapide coup d'œil sur les modifications que le territoire, qui comprend les deux communes réunies, a subies depuis que nous le connaissons.

La surface totale est de 896 hectares, dont 566 pour Maisons-Alfort, et 330 pour Alfortville.

En 1797, il était sillonné par vingt-huit routes, rues ou chemins; il y en a aujourd'hui soixante et une pour Maisons-Alfort, et à peu près autant pour Alfortville.

Au début, le sol se partageait entre les châteaux, leurs parcs, leurs fermes et les terres qui dépendaient de chacune d'elles. Ces terres étaient exploitées en grande culture ou en prairies; une bonne partie était marécageuse, et il n'était pas rare de voir la Marne et la Seine se rejoindre à travers la plaine, de Bonneuil au Port-à-l'Anglais. Plus tard, on planta des vignes aux endroits bien exposés, et après, vinrent les exploitations de carrières. Presque de nos jours, la culture maraîchère, chassée de Paris par la cherté des terrains, vint s'y implanter.

Jusqu'en 1860, Maisons-Alfort était encore une commune rurale ayant conservé à peu près complètement son aspect primitif.

Le chemin de halage, en remontant la Marne, était borné, de la Bosse de Marne au pont, par le parc de M. Véron, clos d'un saut de loup et d'une haie vive. La berge était rongée par la rivière.

Le vieux pont de Charenton, avec ses arches en bois vermoulu et l'estacade qui le protégeait en amont, avait un grand cachet pittoresque.

Le chemin se continuant vers le Moulin Neuf était animé les dimanches et fêtes par les nombreuses équipes de canotiers et canotières, qui venaient manger la traditionnelle friture chez les illustres Bauny, Patte et Perrié.

En semaine, la rive était garnie de lavandières et

de pêcheurs, et ceux-ci prenaient encore des poissons, voire même des écrevisses !

Nous avons déjà cité, à l'occasion d'un procès, la pelouse devant le moulin, où se tenait la fête d'Alfort ; le restaurant de l'île et le pont y donnant accès ; à droite, à la même hauteur, on voyait la propriété de M. Ildefonse Rousset, aménagée en jardin d'acclimatation.

L'habitation a eu, depuis, des fortunes bien diverses ; après avoir été occupée par des restaurateurs, elle est louée actuellement à des œuvres religieuses ; et l'ancienne serre, dans laquelle furent donnés des bals et des concerts, sert de chapelle aux paroissiens d'Alfort.

A la suite, un terrain clos de haies était occupé par des maraîchers.

Laissant le moulin, beaucoup moins important, et surtout moins moderne qu'à présent, on s'engageait dans un chemin bordé de haies ; à gauche, des noyers le surplombaient, et plus loin, on rencontrait un groupe de sept énormes platanes, qui ont donné à cet endroit le nom des *Sept Arbres*, sous lesquels la jeunesse dansait parfois, au son d'un orchestre improvisé.

En face, le mur du parc de Château-Gaillard, et le commencement de celui de Charentonneau, tous deux tapissés de verdure. Entre ces deux parcs, le chemin d'Enfer, couvert de gazon et, au printemps, rempli de violettes, se continuait jusqu'à l'avenue du Château-Gaillard ombragée de tilleuls qui, passant devant la grille de l'habitation, aboutissait à la route de Créteil.

C'était un lieu solitaire où l'on aimait à s'isoler.

Le chemin de halage se continuait sous un pont de bois, qui, coupé au moment de la guerre, est remplacé par un autre en fer; — ce pont met en communication le parc de Charentonneau avec l'île; — puis, passant sous une arcade du moulin encore en activité, ce chemin traversait les dépendances, se poursuivant sous une avenue de noyers, retrouvait la rivière, et de là, jusqu'à Créteil, était ombragé par une haie et une rangée de beaux peupliers.

Revenant sur ses pas, on pouvait suivre l'avenue du château jusqu'à la route de Créteil.

Le canal de Saint-Maurice n'existait pas encore; les bateaux et les trains de bois se servaient de la Marne, dont le débit n'avait pas été diminué par les nombreuses prises d'eau installées en amont; les difficultés créées à la navigation par les îles et le pont de Charenton fournissaient des spectacles aux oisifs qui habitaient la région.

L'île de Saint-Maurice, que se partageaient les propriétaires riverains, était plantée d'arbres fruitiers qui, au printemps, se couvraient de fleurs et formaient le plus charmant coup d'œil.

Les rives de la Seine, en remontant vers Choisy, n'ont guère changé de forme, si ce n'est, en certains points, où le sol a été surélevé par des remblais et le niveau de l'eau modifié par la construction du barrage. De nombreux trains de bois y étaient amarrés ; l'été, en raison de la solitude, elles étaient recherchées par les baigneurs.

La route n° 19 entre le pont d'Ivry et celui du chemin de fer, était bordée à gauche par le parc de

M. Véron, déjà mentionné; à l'entrée, existait la pompe de la Ville de Paris et une auberge; de l'autre côté, une petite usine et une autre auberge, puis la plaine.

Au delà du chemin de fer, vers Alfort, on retrouvait la même propriété Véron; puis à droite une manufacture d'albâtre, des jardins et l'auberge du « Petit Caporal ».

De chaque côté, des grands ormes ombrageaient la route, et entre eux les eaux croupissaient dans des cuvettes. Pas de caniveaux ni de trottoirs.

Après avoir traversé la route n° 5, on voyait à gauche la distillerie. Ensuite quelques vieilles maisons, dans lesquelles étaient plusieurs auberges; le bureau de poste de la commune se trouvait à l'entrée.

A droite, on voyait la grille du jardin de l'École vétérinaire, à la suite la chapelle, un bâtiment contenant la salle d'armes, des études et la bibliothèque, et enfin quelques masures, restes de l'ancien château; puis le mur du parc, des terres de culture et le fort.

Reprenant à gauche, après la cité d'Alfort, on trouvait des terrains de culture, le chemin du Moulin, l'avenue du Château-Gaillard, les murs et la grille de Charentonneau et, au bout, le chemin de Saint-Maur, avec les quelques maigres bouquets de bois du « Buisson Joyeux ».

A droite, à la suite du fort, les chemins de Charentonneau, Jacob et de Saint-Maur, des champs et des entrées de carrières.

La route de Créteil était plantée de deux rangées d'ormes et d'acacias, la plupart superbes.

Partant du pont, la route n° 5 était bâtie, à

gauche, jusqu'à celle de Créteil; plus loin, il n'y avait rien autre que l'École, jusqu'au chemin du Fort. A droite, il y avait des constructions, jusqu'où fut percée plus tard la rue Girard; au delà, il n'y avait qu'une maison isolée touchant le terrain du chemin de fer; le reste était occupé par des maraîchers; ensuite, d'un côté le fort, et de l'autre une sablière appartenant à la Cie P.-L.-M.

A Maisons, à gauche en entrant, on trouvait le château de Saint-Georges, puis la rue de Charentonneau, la grande ferme et des habitations jusqu'à la rue Jacob et celle des Cochets. A droite, la rue Jean, puis celle des Iles, une seconde ferme, le couvent, où se tenaient l'école des filles et l'asile, le château Lesieur, et une petite ferme. Des maisons bourgeoises et des jardins occupaient le reste.

L'église n'a été modifiée que par la construction de la sacristie. La place était occupée en partie par la mairie.

Une rampe très raide amorçait la rue des Bretons; plus loin, on voyait une autre petite ferme qui existe encore; puis la rue Saint-Pierre, le château de M. Lagoutte et la plaine.

Reprenant à droite, on logeait le parc de M. Lesieur et la mare, on rencontrait les chemins de l'Abreuvoir et des Vaches, puis la ferme du Vert, sorte d'asile de convalescence pour chevaux, intitulée: *Herbages Lecouteux*, qui existe encore.

A gauche, le chemin de Valenton, le chemin Vert et celui de Mesly étaient alors absolument déserts.

Les rues des Bretons et Marceau n'ont guère

changé ; celle des Cochets, qui commence à être modernisée par la construction de la gendarmerie et de quelques autres maisons, avait le même aspect. Au delà du chemin Vert, c'étaient à droite les restes des vignes, et, de chaque côté, auprès des puits de carrières, les immenses roues qui servaient à l'extraction des pierres.

La rue Saint-Maur était bordée de noyers, et aussi, de carrières.

La rue des Iles avait à sa gauche un fossé fangeux par lequel les eaux sales se déversaient dans la plaine. La rue Jean, coupée par le chemin de fer, était, dans la partie au delà, garnie de quelques maisons, dont celle dite *de l'Américain* occupée par la famille Dandale; les autres chemins ne servaient qu'à l'exploitation des terres, et étaient déserts comme la plaine elle-même. Il n'y avait guère que ceux bordés de noyers, de poiriers et de pommiers qui, à l'automne, étaient fréquentés par les galopins du pays, en quête de maraude.

D'Alfort à Maisons, et au delà jusqu'à Villeneuve, la route était plantée de deux rangées d'ormes très gros.

Aucune des grandes propriétés n'avait encore été atteinte, et, sauf pour Alfortville, ce n'est guère qu'après 1867, lorsque les bateaux omnibus commencèrent à amener le dimanche la foule des Parisiens, que les morcellements commencèrent.

Au cours de cette description, nous avons indiqué quelques-unes des transformations subies ; il en est d'autres également intéressantes.

Un perré empierré a remplacé les éboulements du

quai de Marne ; les canotiers sont devenus cyclistes, les laveuses abandonnent la rive pour le bateau-lavoir, les pêcheurs n'attrapent plus guère que des coups de soleil, et les poissons qu'on mange à Alfort viennent pour la plupart des halles.

Les jardins de l'île ont disparu, remplacés par une pelouse qui se couvre, les dimanches et fêtes, de Parisiens y faisant des repas champêtres, et, le lendemain, les fleurs d'autrefois sont remplacées par les papiers et les reliefs abandonnés.

Les Sept Arbres, si pittoresques, ont été mutilés par un acquéreur peu poétique. Il n'y a plus de violettes dans la rue d'Enfer, au contraire ! et les grands peupliers qui ombrageaient le chemin de halage jusqu'à Créteil ont été coupés.

On ne se baigne plus guère dans la Seine, sauf en fraude vers l'île Saint-Pierre.

Les fermes, qui n'avaient plus de raison d'être, leurs terres étant morcelées, ont changé de destination, et bientôt on montrera comme une curiosité un coin ombreux et gazonné ou un champ de blé.

Ces transformations ont naturellement influé sur le genre de population de la commune.

D'abord, à l'origine, des cultivateurs et des vignerons; puis, à Maisons, des carriers et des tailleurs de pierres ; à Alfort, des mariniers, des postillons et des employés de l'École. Dans les deux quartiers, des petits rentiers, commerçants retirés des affaires, employés, fonctionnaires et militaires retraités.

La plupart de ces éléments ont été remplacés par les maraîchers, les ouvriers d'usines, les employés de chemin de fer, de bateaux et de tramways, auxquels se joignent bon nombre de travailleurs parisiens, qui viennent chercher chez nous un logement plus vaste et un air plus pur que dans les quartiers de la capitale où les appelle leur emploi.

Ainsi que nous l'avons dit déjà, successivement Alfortville, le parc Véron, Château-Gaillard, le parc Saint-Georges, le quartier de l'École, la pièce du Moulin Neuf, le Champ Corbilly, les Quarante Arpents, le Buisson Joyeux, les Buttes, le parc Lesieur, et beaucoup d'autres divisions secondaires, notamment route de Villeneuve et à l'extrémité d'Alfortville, vinrent fractionner le sol.

D'autres vastes emplacements ont été pris pour l'industrie ; le château de M. Lagoutte par la maison Springer et Cie, l'ancien couvent de la rue Saint-Pierre par une manufacture de caoutchouc ; une partie des terres de la ferme Lecouteux par une chapellerie ; un autre terrain de la rue du Chemin-Vert par une vermicellerie. Du côté d'Alfortville, l'usine à gaz, deux forges, dont l'une devenue minoterie, une fabrique de caoutchouc, une pompe, et un vaste établissement odorant occupent de grands espaces.

Le maraîcher, qui avait chassé le vigneron et le laboureur, est repoussé à son tour par l'habitation, ou l'industrie.

Un dernier grand domaine avait jusqu'ici résisté à l'émiettement, c'est celui de Charentonneau ; les terres non-comprises dans l'enclos avaient seules été successivement mises en vente.

Pendant des siècles, ses possesseurs divers l'avaient agrandi et arrondi, enclavant dans son étendue plusieurs chemins ; il va disparaître comme les autres, et, d'ici à quelques années, il n'en restera que le château et le vieux pigeonnier circulaire. Ce pigeonnier, dernier emblème des droits féodaux que les anciens seigneurs exerçaient avant 89, sera démoli à son tour, et les matériaux qui le composent serviront à édifier quelque banale maison d'habitation.

Les descendants des anciens serfs, dédaignant les théories du collectivisme terrien, affirment leur amour de la propriété individuelle, en employant les économies qu'ils peuvent réaliser, à l'acquisition de parcelles de cette terre que leurs aïeux fécondaient sans pouvoir la posséder.

Les rares terrains un peu vastes qui restent, seront sans doute divisés aussi à leur tour et percés de rues ; puis chose non souhaitable, mais possible, la commune de Maisons-Alfort, elle-même, sera peut-être de nouveau coupée en deux tronçons, jusqu'au jour où Paris l'aura englobée dans son enceinte, avec ses voisines et le reste du département.

Peut-être aussi, dans un grand nombre de siècles, dans les lieux où nous sommes, les archéologues rechercheront-ils, comme sur l'emplacement d'autres grandes villes disparues, les traces de notre existence et de nos monuments.

TABLE DES MATIÈRES

2188-98. — Corbeil. Imprimerie ÉD. CRÉTÉ.

www.ingramcontent.com/pod-product-compliance
Ingram Content Group UK Ltd.
Pitfield, Milton Keynes, MK11 3LW, UK
UKHW020311230726
13925UKWH00002B/355